AU PAYS

DES

WATERINGUES

AUGUSTE DELORAINE

1927

THÈSE AGRICOLE

AUGUSTE DELORAINE
LAURÉAT DE LA SOCIÉTÉ
DES AGRICULTEURS DE FRANCE

AU PAYS

DES

WATERINGUES

DOUAI, IMPRIMERIE GOULOIS

1927

A MES CHERS PARENTS

Avant-Propos

Dans ce modeste travail qui nous apparaît dans notre inexpérience comme une entreprise de grande envergure, nous allons décrire une exploitation située dans la région connue sous le nom de « PAYS DE WATERINGUES » ou plus généralement de « FLANDRES MARITIMES ».

L'exploitation dont nous parlons est plutôt d'étendue restreinte. Nous sommes en effet dans un milieu de petite propriété et la superficie moyenne des fermes ne dépasse guère 20 à 30 hectares.

Par suite du régime de la propriété, la culture offre ici certains inconvénients ; ainsi l'emploi des machines y rencontre des difficultés incontestables, par contre, comme le faisait déjà remarquer en 1787 l'Anglais Young, les terres très bien entretenues ressemblent plutôt à des jardins qu'à des champs.

Nous nous contenterons donc de décrire les procédés que nous avons remarqués dans l'exploitation de Monsieur Naeyaert, au « Pays de l'Angle » et pour mieux préciser dans le petit village de Saint-Folquin.

L'élevage est encore peu développé. On trouve cependant dans les fermes une ou deux juments poulinières et quelques vaches de race flamande.

Ensuite connaissant l'exploitation et munis des capitaux suffisants, nous nous attacherons à trouver quelle sera la meilleure manière d'améliorer le petit domaine étudié en lui faisant rendre davantage par le remplacement de la culture de la betterave par celle de la chicorée et l'annexion à la ferme d'une petite industrie : la sécherie de la chicorée.

Première Partie

CHAPITRE PREMIER

Généralités
sur l'Exploitation

Situation

L'exploitation de M. Naeyaert qui fera l'objet de cette étude est sise à Saint-Folquin, dans le pays des Wateringues à 25 kilomètres au Nord-Est de Saint-Omer, à 5 kilomètres au Nord de Bourbourg et à 5 kilomètres à l'Ouest de Gravelines.

Le chef-lieu de canton est Audruicq à 10 kilomètres.

L'exploitation est bien située au point de vue des communications. En effet, un magnifique réseau de routes sillonne la région. Les lignes de chemin de fer unissant Calais à Dunkerque et Bourbourg à Saint-Omer sont utilisées soit à la gare de Gravelines soit à celle de Bourbourg.

Enfin, il faut signaler parmi les moyens de communication le lacis de canaux et de rivières qui traversent ou bordent le village et qui jouent un grand rôle dans le transport des marchandises lourdes et encombrantes pour un prix peu élevé. Ces canaux ainsi que la rivière l'Aa ont encore une grande importance pour l'écoulement des eaux.

Parmi ces canaux, nous citerons l'Aa canalisée qui débouche à Gravelines, le canal de Bourbourg qui unit Saint-Omer à Dunkerque, la rivière Mardyck affluent de l'Aa.

Ce dernier petit canal est très important pour les charrois de betteraves, car il conduit les racines directement aux sucreries de la Bistade à 8 kil., de Pont-d'Ardres à 17 kil. ou à la distillerie de Bourbourg à 5 kil.

Outre les débouchés ci-dessus qui sont uniquement pour la betterave, Saint-Folquin peut écouler ses produits aux marchés d'Audruicq, Gravelines et surtout de Bourbourg, centre d'approvisionnement de la ville de Dunkerque et de Lille et aussi de l'Angleterre pour le beurre, les œufs et la volaille. Bourbourg est également un important marché de cossettes de chicorée, fréquenté par les acheteurs Français et les courtiers Belges.

Main-d'œuvre

Saint-Folquin est une commune de 1500 habitants. Les fluctuations de la population sont peu importantes. La plupart des cultures, moyennes ou petites, sont exploitées par l'occupant, sa femme et ses enfants, mais il faut parfois recourir aux services des ouvriers. Le plus généralement, ceux-ci occupent avec leur famille une maison avec un jardinet et même une ou deux parcelles de terre prises à bail et cultivées grâce aux chevaux du fermier complaisant, soit le dimanche, soit à moment perdu.

Pour les travaux spéciaux et momentanés tels que le démariage et l'arrachage des betteraves, l'arrachage du lin, le travail des chicorées, il y a dans le village une catégorie d'ouvriers, hommes ou femmes qui débattent le prix de leur tâche avec le fermier.

Cette main-d'œuvre n'est pas difficile à trouver et le prix des salaires n'est pas trop élevé. La proximité de la Belgique permettrait d'ailleurs d'obtenir facilement les bras nécessaires à la culture du sol si le besoin s'en faisait sentir.

CHAPITRE DEUXIÈME

Le Milieu

Hydrographie

Pour l'agriculteur, la question de l'eau est très important-
tante, il lui en faut en effet une grande quantité pour ses
besoins personnels, ceux de ses animaux et l'irrigation
de ses terres.

Dans notre pays des Flandres, le fermier n'a pas à
rechercher l'eau, qui est au contraire surabondante. La
contrée est en effet très humide, l'eau est à fleur de
terre, et l'assèchement par fossés ouverts ou par drains
est obligatoire dans la plupart des champs. Une
administration spéciale, celle des Wateringues, s'est occu-
pée de recevoir les eaux de drainages et de les évacuer
à la mer au moyen de rigoles ou watergands et des canaux ou rivières qui traversent le pays. Mais ceci
ne s'est pas fait sans difficulté.

Il faut, en effet, se rappeler que le pays dont nous
parlons n'était entre Calais, Watten et Gravelines, qu'un
vaste marais, et que ce n'est qu'au moyen-âge qu'on
entreprit son dessèchement. Le sol dont le niveau est
inférieur à celui des hautes marées était envahi à chaque flux par les eaux salées. En s'aidant du cordon de
dunes qui court le long du littoral actuel et en établis-
sant des digues et des écluses, la Société des Waterin-

gues réussit à fermer l'accès du pays à l'eau de mer même aux plus fortes marées ; mais le marais n'était pas pour cela propre à la culture, car les eaux de pluies, et celles venant des collines de l'Artois causaient chaque année de septembre à janvier des inondations.

On endigua les fleuves et rivières, et principalement l'Aa qui draîne tout le territoire et écoule les eaux à Gravelines. Un véritable lacis de fossés plus ou moins importants, appelés Watergands, fut ensuite creusé dans le marais, afin de conduire les eaux en surabondance jusqu'à l'Aa. Les écluses laissaient ensuite s'écouler ces eaux lors de la marée basse.

Pour maintenir en état les travaux exécutés et les améliorer, il existe encore aujourd'hui une administration des Wateringues régie par un décret de 1809 modifié par l'ordonnance royale de 1837. Elle divise le territoire des Wateringues en huit sections possédant chacune une commission administrative composée de sept membres.

Les commissions qui doivent soumettre leurs projets aux ingénieurs du service maritime, sont chargées :

    1" de faire dresser, examiner, modifier ou adopter les projets de travaux à exécuter tous les ans et d'en déterminer le mode d'exécution ;

    2° de passer les adjudications ou marchés ;

    3" d'ordonner les dépenses, de présenter et régler provisoirement les budgets et comptes annuels ;

    4° de répartir tous les ans le montant des contributions nécessaires (impôt wateringue) pour les travaux et dépenses de l'Association.

Le village de Saint-Folquin est situé dans la première section qui comprend tout le territoire compris entre l'Aa, la rivière d'Oye, le watergand du Drack, le canal de Calais, la rivière de Nielles et une ligne en deçà de laquelle sont les marais d'Audruicq, de Polincove, de Ruminghem.

La surface est de 10.947 hectares.

L'impôt wateringue perçu est de 16 fr. par hectare.

Climatologie

Le climat de la Flandre n'a pas bonne réputation. Les étrangers qui viennent habiter le pays ne tarissent pas sur les ennuis que leur cause l'atmosphère flamande; les plus modérés estiment que le climat est au moins désagréable; étouffant l'été, aigre l'hiver, changeant et surtout humide en tout temps, il n'y a pas de printemps; le soleil ne se montre qu'à regret, toujours obscurci, et la boue n'a pas eu le temps de sécher que la pluie recommence. Au contraire, l'examen des moyennes donne du climat flamand une idée satisfaisante; la chaleur et le froid sont tempérés, la pluie ne paraît pas tomber en quantités considérables.

Le climat auquel est soumis le pays est évidemment un climat maritime puisque la mer est toute proche; il n'est donc pas rigoureux. L'air vif est pur, la température est adoucie en hiver et rafraîchie en été par les brises, mais elle est sujette à d'assez brusques variations.

Le vent est chez lui dans la plaine maritime; rien ne l'y arrête. Aussi règne-t-il en maître. Les journées calmes y sont extrêmement rares. Les vents du sud-ouest et surtout ceux de l'ouest qui sont dominants dans la région amènent immanquablement la pluie. Ces vents sont très violents et l'administration des ponts et chaussées se voit obligée de faire étêter les peupliers bordant les routes si elle ne veut pas que les rafales d'hiver les couchent sur le sol. Ce vent qui tord les arbres rafraîchit aussi l'atmosphère. Toutes les températures semblent plus froides lorsque le vent se fait sentir, or il ne chôme pas dans la plaine maritime et il y rend le climat plus rude.

Les vents d'Est et du Nord qui se produisent surtout au printemps, ont une action bienfaisante en desséchant les terres au moment de la préparation du sol pour les semis.

La température est douce, très égale, ne comportant

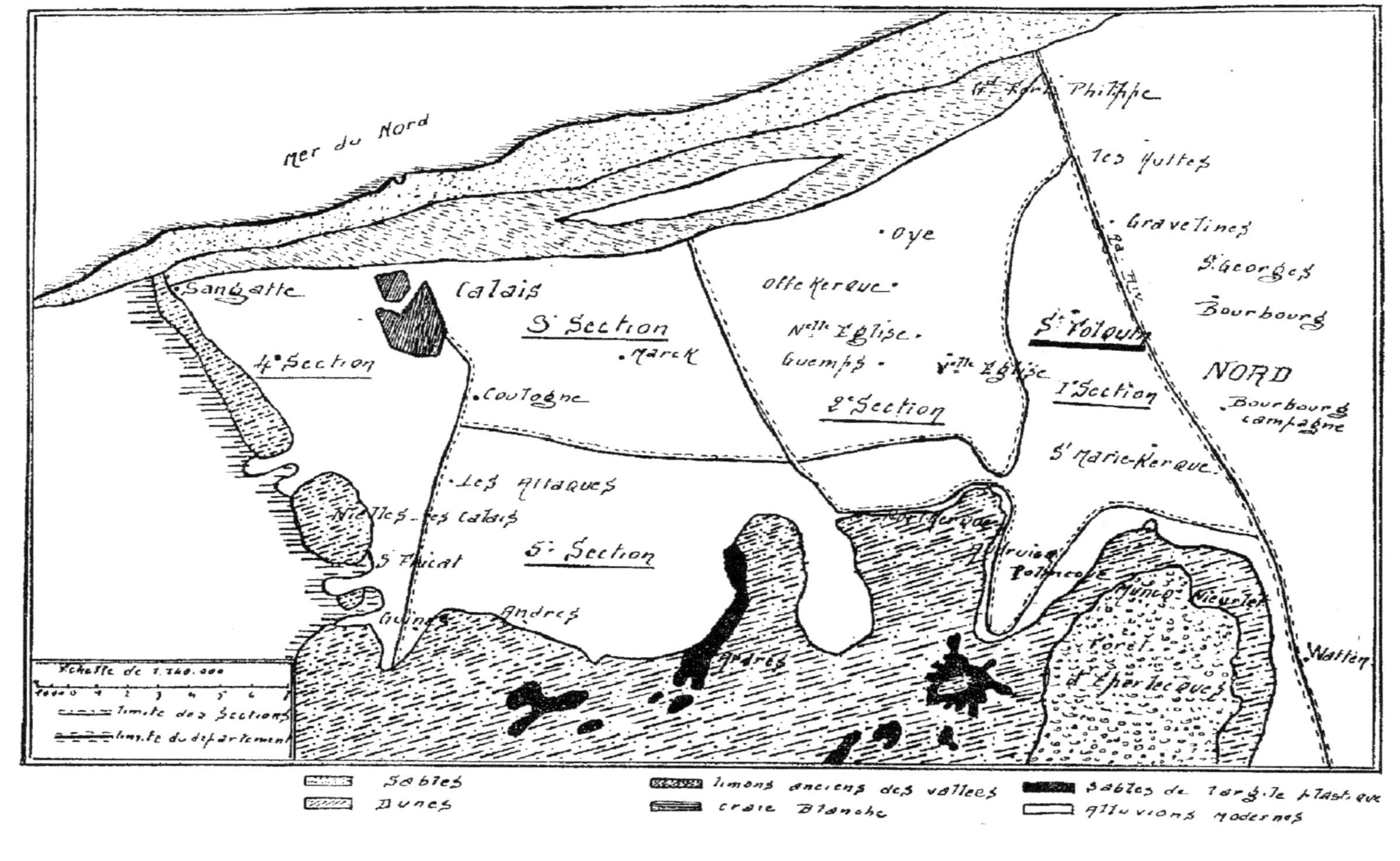

Mer du Nord
G.t Fort Philippe
les Hulles
Gravelines
S.t Georges
Bourbourg
Oye
Oltekerque
Calais
Sangatte
3.e Section
Marck
N.lle Eglise
Guemps
V.lle Eglise
S.t Folquin
NORD
Bourbourg campagne
1.re Section
4.e Section
Coulogne
2.e Section
S.t Marie-Kerque
Les Attaques
Nielles-les Calais
S.t Tricat
5.e Section
Mervoe
Ruines Polincove
Munoq Vieurlet
Andres
Guines
Andres
Foret d'Eperlecques
Watten
Echelle de 1.740.000
limite des Sections
limite du département
Sables
Dunes
limons anciens des vallees
craie Blanche
Sables de l'argile plastique
alluvions modernes

pas de grandes chaleurs ni de grands froids. La moyenne annuelle est de 10°.

L'influence maritime se fait encore sentir pour le régime des pluies. L'air est en effet toujours un peu brumeux à cause de la proximité de la mer et de la grande étendue de fossés et rivières dans le pays. Ceci est assez ennuyeux lors de la moisson surtout, car il faut souvent attendre jusqu'à 9 heures et même 10 heures pour que la rosée soit dissipée.

Les gelées blanches sont à craindre assez longtemps au printemps. Les pluies sont fréquentes surtout vers la fin de l'automne, mais peu abondantes. Cependant elles sont très gênantes pour l'enlèvement des récoltes de betteraves et de chicorée. La neige fait de rares apparitions et ne persiste guère sur le sol. Les gelées assez fortes sont presque inconnues; en résumé, on peut dire que l'hiver est humide et triste plutôt que froid.

Les températures les plus basses sont atteintes en novembre, décembre et janvier. Mais la température moyenne de novembre est de 6°, de sorte qu'il est encore possible de semer des blés pendant ce mois. En décembre, la moyenne des maxima oscille entre 4 et 5°; la végétation se poursuit presque toujours, et dans les années pluvieuses et humides les céréales d'hiver, et surtout les blés semés dans les premiers jours d'octobre, prennent trop de développement et sont prédisposés à la verse.

La meilleure époque des semailles serait donc celle qui s'écoule entre le 15 octobre et le 15 novembre, tandis que souvent on a tendance à semer plus vite et trop hâtivement. Les semailles dans certaines fermes se poursuivent cependant très tard jusqu'en décembre, janvier et février.

Géologie

Le sol de notre région est composé entièrement par des terrains de formation très récente, dont le niveau est inférieur à celui des hautes mers et que des obstacles artificiels seuls préservent d'inondations périodiques.

Les alluvions modernes se divisent dans la région des Flandres, en alluvions fluviatiles et alluvions marines. Dans le triangle compris entre Watten, Calais et Gravelines, les alluvions marines conquises sur la mer au jour le jour depuis des siècles, offrent à la culture des terres plus ou moins riches et fertiles, selon leur composition, qui est très variable. Pour l'exploitation qui nous occupe, par exemple, nous avons pu constater que les sols étaient de composition différente selon leur situation dans le village.

Ainsi dans « l'Oye » où se trouve la ferme et la plupart des terres, l'élément sablonneux domine et les terrains, gagnés assez récemment à la culture industrielle, présentent la composition suivante :

Calcaire	11,74
Sable siliceux	76,30
Argile	7,70
Humus	1,20
Débris et matières organiques	2 à 3 %

et

Azote	0,12 %
Acide phosphorique	0,24 %
Potasse	0,14 %
Carbonate de chaux	11,24 %

Une autre analyse de terres situées près de l'Aa a donné :

Calcaire	10,80
Sable siliceux	75,60
Argile	9,40
Humus	1,30
Débris et matières organiques	2 à 3 %

et

Azote	0,14 %
Acide phosphorique	0,17 %
Potasse	0,12 %
Carbonate de chaux	10,47 %

Comme on le voit la composition du sol est assez différente, et il faudra en tenir compte dans la culture. Les terres argileuses devront être saisies juste à point, pas trop sèches, parce qu'elles deviennent dures comme une pierre, pas trop mouillées, parce que le cultivateur et son attelage s'y embourberont.

Par contre, dans les terres légères, il suffira généralement que le vent du Nord fasse son apparition pendant 2 ou 3 jours au printemps pour permettre au cultivateur de préparer ses emblavements.

Sous la couche de sables marins et de glaises blanches qui forment la couche arable, il existe un lit de tourbe épais d'environ un mètre en certains endroits et pour ainsi dire inexistant en d'autres. C'est ainsi qu'autour de la ferme, il n'y a pas de tourbe, la couche glaiseuse repose directement sur le sable marin des Flandres ou sable « pissart » ainsi appelé à cause de la faculté qu'il a de se délayer à l'eau et de couler. Ce sable est assez souvent exploité par les habitants pour les constructions.

En certains endroits du village, le sable pissart arrive à fleur du sol, et forme des sols très légers, grands consommateurs de fumier et d'engrais, et dans lesquels on ne peut malgré tout obtenir de très bons rendements, car le blé d'hiver s'y déchausse trop, seul le blé de printemps peut y venir. Les betteraves doivent aussi laisser la place à la chicorée qui tire mieux parti des sables. Heureusement la ferme de M. Naeyaert, dont il va être question ci-après, ne possède ce sable que dans le sous-sol.

Si nous interprétons maintenant les résultats chimiques des analyses ci-dessus, nous voyons que la terre est suffisamment riche en azote. Ceci est dû tant à la richesse naturelle des alluvions qu'aux apports incessants du cultivateur flamand.

En plus du fumier dont l'insuffisance dans le pays a été reconnue de tous temps, on consomme beaucoup de tourteaux et d'engrais azotés complémentaires tant sous la forme nitrique que sous la forme ammoniacale.

Lat Nord 50° 48
Long. Ouest 0° 18
Coupe Géologique
Plaine maritime du Nord
Lat N 50° 72
Long O 0° 16
Sud
Nord
Forêt d'Éperlecques
Ch. de fer de Calais à S' Omer
Canal de Calais à S' Omer
L'Aa ?Rivière
S' Pierre Brouck
Ch. de fer de Gravelines à S' Omer
Bourgbourg
F'' des Dames anglaises
R'' de Gravelines à Dunkerque
Dunes de Loon
Pointe de Gravelines
Mer du Nord
diluvium
argile des Flandres
sables marins et glaises blanches
tourbe avec poteries gallo-romaines
sable fin des Flandres dit "Pissart"
sable des dunes
Niveau des hautes mers
Échelles
Longueurs : 1/80.000
Hauteurs : 1/4.000

L'acide phosphorique sous forme de superphosphate est employé dans de très fortes proportions, et c'est ce qui explique la richesse de sols qui étaient autrefois pauvres en cet élément.

Pour la potasse, on trouve ici une certaine pauvreté, bien que les alluvions en aient ordinairement une réserve suffisante, mais on fournit peu cet élément aux terres et sa diminution est de plus en plus grande. Plusieurs cultivateurs se sont déjà aperçus de ce manque de potasse et ils commencent à y remédier avec succès. Les engrais complets genre Novo ou Auby, ont fait aussi un certain bien à ce point de vue, et on peut attribuer en partie leur vogue actuelle à leur teneur en potasse.

La chaux, dernier élément indispensable à la fertilité des sols, se rencontre sous forme de calcaire en assez grande quantité. Elle fut apportée jadis par les eaux marines qui rongent la côte calcaire du Boulonnais et de l'Angleterre. On emploie aussi de temps en temps les écumes de défécation des sucreries pour renouveler les réserves.

De ce court aperçu géologique sur le village de Saint-Folquin on peut retenir que :

1° Le sol a une constitution physique légère, surtout en certains endroits.

2° En azote et en acide phosphorique, le sol est assez riche pour qu'il suffise de lui restituer chaque année ce que les récoltes enlèvent.

3° Il y a un manque assez important de potasse qu'il faudra importer si l'on veut que la loi du minimum s'applique en faveur de l'agriculteur.

4° Le sol est suffisamment pourvu de chaux et un léger apport d'écumes de défécation tous les 10 ou 12 ans suffira.

CHAPITRE TROISIÈME

Etude Economique

Aperçu économique

La région des wateringues qui comprend Saint-Folquin ne possède pas de grands domaines. On n'y rencontre en propriété ou en location que de la petite et de la moyenne culture. Les plus fortes exploitations ne passent guère 50 hectares. Ceci peut avoir certains inconvénients, car l'emploi des machines à grand rendement économisant la main-d'œuvre, est rendu difficile sinon impossible. Mais comme les fermiers arrivent souvent avec leur femme et leurs enfants à cultiver le sol qu'ils ont loué, la crise de la main-d'œuvre est peu à craindre. Plus les exploitations sont petites, plus le prix moyen de la terre augmente. De plus, la marche progressive des méthodes culturales est plus longue à enseigner dans ce milieu, et les cultivateurs isolés au milieu de leurs terres, dans leur « manoir », sont plutôt sujets à la routine et ils cultivent comme ont cultivé leurs pères.

Il faut remarquer cependant que le paysan flamand comprend très bien son intérêt, et il n'hésite pas à augmenter ses dépenses s'il est certain d'en être récompensé ; sa faculté d'observation est aussi très développée, de sorte que le progrès suit une marche continue et non saccadée comme dans certaines contrées.

La valeur des terres de la région est assez variable. On compte en général 15.000 francs par hectare pour

les terres moyennes, mais on arrive au prix de 25.000 fr.
dans les ventes de petits lots. Les terres les moins bonnes atteignent le prix de 10.000 francs. Quant à la valeur locative, elle est aussi très différente, et si l'on voit
des baux demandant 1.000 francs par hectare, il y en
a aussi à 300 francs, et la moyenne peut être évaluée
à 500 francs.

Le capital d'exploitation sera ici assez élevé, car on
se trouve en petite propriété, et bien des instruments
indispensables ne trouveront pas de travaux suffisants
pour leur amortissement à bon compte. Cependant,
comme les fermiers s'entendent très bien avec leurs
voisins, il existe souvent des associations pour l'achat,
l'entretien ou la location de machines qui seraient trop
coûteuses. On peut compter sur un capital moyen de
5.500 fr. par hectare, en moyenne culture. Les impôts
s'élèvent à la somme de 50 fr. par hectare. Les assurances ne comprennent que l'assurance contre l'incendie et l'assurance contre les accidents, soit :

200 fr. contre l'incendie de la ferme à raison de
3 fr. 50 0/00 ;

Contre l'incendie des récoltes, 3 mois en récolte,
3 mois en paille.

Au point de vue des débouchés, nous avons vu qu'ils
se trouvaient presque tous rassemblés à Bourbourg,
siège d'un marché très important chaque mardi. C'est
également la gare la plus proche, d'accès facile. Bref,
le village de Saint-Folquin est propre à toutes les cultures de racines, de céréales, de légumineuses, d'oléagi-
neux. Ainsi, malgré la disparition du colza et de l'œillette, on cultive encore en assez grande quantité le lin,
mais plutôt pour sa valeur textile. La culture est très
intensive et la betterave ou la chicorée forment la base
des assolements qui comprennent le lin, le blé, l'avoine,
l'orge, les fèves, les pois, le trèfle, etc...

Seule la luzerne ne peut être admise dans les cultures ;
sa racine pivotante qui est très longue serait bientôt

plongée dans l'eau et la plante se développerait mal, car elle craint l'humidité.

Organisation intérieure

Les bâtiments de l'exploitation placés au centre d'une prairie, sont séparés de la route de Bourbourg à Calais par un jardin potager et un chemin d'une trentaine de mètres environ.

L'habitation a sa façade principale tournée au Sud vers le jardin. La surveillance sur la cour ne peut se faire que des chambres tournées vers le Nord, mais l'entrée de la ferme est ainsi à la vue des habitants. Comme toutes les habitations flamandes, celle de M. Naeyaert ne possède pas d'étage. Un immense grenier surmonte toute l'habitation. A gauche de cette maison se trouve un atelier-remise avec l'appareil d'éclairage et enfin, sous un appentis, le poulailler long de huit mètres et large de trois mètres cinquante.

ÉCURIE

L'écurie est placée en face et parallèlement à l'habitation, de l'autre côté de la cour. L'air et la lumière n'y entrent que par une porte coupée à 1 m. 50 de largeur donnant vers le Sud. La partie supérieure de cette porte est constamment ouverte, car elle est protégée des vents dominants par le mur qui ferme la cour du côté de l'Ouest. L'écurie peut contenir 2 chevaux. Ses dimensions sont de 6 m. de longueur et 3 m. 50 de largeur ; la hauteur est de 2 m. 75. Un bat-flancs fixe divise la surface allouée aux animaux attachés à l'auge en pierre par une longe passée dans un anneau et un billot. Les rateliers sont placés à 0 m. 50 au-dessus de l'auge, soit à 1 m. 75 du sol, ce qui est un peu haut ; ils sont en bois et très inclinés.

La pente du sol formé de briques posées de champ et

Porcherie
Pigeonnier
Fumière
Poulailler
Échelle 5 m/m pour mètre
Hangar
Grange
Remise
Jardin
Habitation
Remise
Vacherie
Remise
Écurie
PLAN
DES BATIMENTS
Chemin d'accès

offrant une résistance suffisante, est de 1 centimètre et demi par mètre, ce qui permet l'évacuation de l'urine dans la rigole d'écoulement et de là dans un puisard placé en bordure de la prairie, car il n'y a pas de fosse à purin. Les harnais usuels sont placés derrière les chevaux, ceux de rechange ou de voiture sont rentrés dans l'habitation.

Au-dessus de l'écurie, un grenier avec plancher contient toute l'avoine nécessaire aux animaux de la ferme, ainsi que les sacs. On y accède par un escalier droit.

VACHERIE

La vacherie placée près de l'écurie peut loger quatre ou cinq bêtes. Le sol est également revêtu de briques de champ. Un couloir d'un mètre cinquante passe derrière les vaches qui disposent de 4 mètres. L'auge en briques recouvertes de ciment a une profondeur de 0 m. 30, et n'est pas surélevée, les animaux prennent en somme leur nourriture sur le sol. La pente du sol est de 1 centimètre et demi par mètre et la rigole d'écoulement des urines va rejoindre celle de l'écurie.

L'accès de la vacherie est aussi assuré par une porte coupée, et de plus, il y a une fenêtre à bascule au-dessus de la porte.

Le grenier, situé au-dessus de la vacherie, ne sert qu'à loger le foin de seconde qualité formé par les herbes des bords des champs et appelé « foin de rives ». Comme cette nourriture est presque exclusivement réservée aux vaches, il est logique de la placer à cet endroit.

GRANGE

La grange est le seul bâtiment qui ne soit pas entièrement en briques, mais en argile sur soubassement. Elle fait suite à la vacherie et est percée de deux ouvertures opposées. Longue de 10 mètres et large de 6, cette pièce ne contient plus que quelques balles de paille nécessaires aux bestiaux de l'étable et de l'écurie pendant un mois d'hiver, ainsi que tout le foin. Ce bâtiment est divisé en trois travées par des poutres soutenant la charpente. Sur le côté gauche de la porte sont déposés les sacs d'engrais achetés à l'avance. Cette grange est loin d'être suffisante pour renfermer la récolte, et il faut construire des meules sur le bord des champs, mais heureusement la récolte est battue le plus vite possible ; la paille en surplus est vendue aussitôt et le reste pressé en balles est mis à l'abri sous le « berck » ou hangar de la ferme voisine. La construction d'un petit hangar de quatre travées actuellement à l'étude est sur le point d'être entreprise. Ceci épargnerait bien du temps lors de la moisson en hâtant le déchargement des céréales tout en les garantissant mieux de la pluie. Cela permettrait aussi de travailler le matin un peu plus tôt, car les chariots, rentrés la veille, pourraient être déchargés avant que la rosée soit disparue et sans crainte d'échauffement du tas. Derrière le pignon de la grange qui le protège des vents d'Ouest, un appentis abrite le pigeonnier à la partie supérieure et les pondoirs ainsi que la place réservée aux couveuses au-dessous.

Derrière les bâtiments que nous venons de décrire, apposé contre eux et ouvert vers le Nord, se trouve un hangar en tôle réservé aux instruments, ainsi que la remise à voiture, la remise à moissonneuse et, dans un coin, une petite porcherie. L'emplacement réservé aux instruments n'est peut-être pas très grand, mais avec de l'ordre on arrive facilement à mettre à l'abri tous les « meubles » selon le nom donné aux instruments dans le pays, et même les rouleaux.

Cependant avec la construction d'un hangar à récoltes, presque vide la moitié de l'année, la mise en place serait plus facile et plus rapide.

FUMIÈRE

La fumière est bien située en raison de la proximité des étables et des écuries. Seule la porcherie est assez éloignée, mais le peu de fumier produit par les porcs est placé dans une fosse spéciale en bordure de la prairie.

La fumière affecte la forme d'une fosse reposant sur un banc d'argile bleue des Flandres. Large de 6 mètres et longue de 8 mètres, elle n'est pas suffisante pour contenir le fumier produit en une année par les animaux et il faut la vider deux fois. Il n'y a pas de fosse à purin, ce qui est un défaut ; ce liquide passe sous le mur et se répand dans le sol du champ voisin, occasionnant la verse des céréales lorsque les pluies sont assez abondantes.

COUR

La cour, très légèrement en pente pour l'évacuation des eaux a la forme d'un rectangle de 22 mètres 50 de long et de 16 mètres de large. On y accède par une barrière de 4 m. 50 de largeur.

FORCE MOTRICE

La force motrice intérieure est fourni par un petit moteur « Jap » qui utilise l'essence. La force déployée, 5 chevaux, est suffisante pour actionner le coupe-racines, l'aplatisseur de grains, le tarare, etc...

ÉCLAIRAGE

La ferme dispose pour l'éclairage de l'habitation d'un appareil à acétylène qui, facile à diriger, donne une bonne clarté dans la maison. Mais pour les étables, on n'a pas jugé utile de faire des canalisations à travers la cour pour le passage du gaz et le pétrole reste le seul mode d'éclairage, en attendant l'électricité que l'on espère avoir, dans la commune, vers la fin de l'année 1927.

EAU

L'eau se trouve à proximité, dans les watergands, mais bien que la plupart des habitants se servent de cette eau, que les pluies rendent boueuse et qui par suite de l'infiltration des eaux marines à travers le sable est parfois saumâtre en été, on préfère ne la donner qu'aux animaux. Pour les besoins des habitants il a été établi une citerne cimentée qui a les dimensions suivantes : 13 m. de longueur, 1 m. 20 de profondeur et 1 m. 50 de largeur soit un peu plus de 22 mètres cubes. Avec un climat aux pluies réparties pendant le courant de l'année comme celui de Saint-Folquin, cela suffit amplement pour ne jamais manquer d'eau.

JARDIN POTAGER

Comme dans toute ferme bien dirigée, celle de M. Naeyaert possède un jardin bien compris et bien tenu. C'est en effet dans le jardin que l'on trouvera tous les légumes nécessaires à l'alimentation de l'exploitation et de sa famille.

Ce jardin a une surface de 5 ares environ. Une haie l'entoure, ce qui est ennuyeux car c'est le refuge de bien des animaux nuisibles, mais il y a ainsi une certaine protection contre les vents.

Des poiriers et des cordons de pommiers longent les allées et une couche permet d'obtenir certains légumes de bonne heure.

De cette étude sur l'organisation intérieure de la ferme, nous pouvons tirer cette conclusion que les bâtiments bien entretenus, suffisent à l'exploitation des 17 hectares et bien que construits depuis assez longtemps ils répondent aux besoins actuels, exception faite pour l'abri des récoltes.

Instruments

La rareté de la main d'œuvre et sa cherté forcent l'agriculteur à demander aux industriels, des instruments perfectionnés pouvant travailler le plus rapidement et avec le moins de bras possible. Cependant dans les Flandres, il est assez difficile et même parfois impossible d'adopter les machines employées dans d'autres régions. Cela tient à ce que le sol est très meuble, très divisé, coupé par d'innombrables fossés ou watergands destinés à évacuer l'eau surabondante. Il faudra donc toujours des outils adaptés. Un tracteur par exemple serait un peu encombrant dans des pièces de 2 hectares à 2 hectares et demi au maximum de même qu'une charrue de 200 kilos, au milieu des sables « pissart ».

Cependant la plupart des outils employés en grande culture ont été adoptés par les cultivateurs flamands malgré leur prix parfois élevé et ceci grâce à leur esprit pratique et à l'aide qu'ils se portent entre voisins.

Ces instruments bien entretenus durent longtemps car la terre argilo-siliceuse et silico-argileuse est sans cailloux.

Parmi les instruments de la ferme, nous citerons :

1° INSTRUMENTS POUR TRAVAILLER LA TERRE

5 binettes, 3 échardonnoirs, 3 bineuses à main avec jeu d'une seule lame et de deux lames, une déchaumeuse à 3 socs. 2 brabants doubles dont l'un de 90 kgs et l'autre de 100 kgs, un cultivateur canadien à 7 dents, 4 herses rigides dont 2 en bois et 2 en bois et fer, une herse à 3 articulations, une émotteuse à 2 compartiments, 2 rouleaux de fonte de 2 mètres de large, un traineau ou ploutroir de 3 m. 50, un semoir à graines, une bineuse à betteraves à 3 dents que l'on peut trans-

former en fouilleuse à 5 dents pour remonter le chiendent qu'il ne reste plus qu'à ramasser.

2° INSTRUMENTS POUR RÉCOLTER

Outre les sapes ou « piques » on emploie pour la moisson une machine Mac-Cormick qui ne dort pas dans les terres légères. Pour la récolte du fourrage, on emprunte la faucheuse du voisin, car la petite quantité semée chaque année ne permet pas un amortissement avantageux.

3° MACHINES POUR TRANSPORTER

Le chariot Flamand, assez léger d'ordinaire a un timon très court (1 m. 50) qui se termine par une cheville et une poignée. La cheville est passée dans l'anneau de la volée et le conducteur doit diriger le véhicule dans les tournants en guidant le timon au moyen de la poignée. Ce mode d'attelage dangereux dans les pays accidentés, et interdit dans les grandes villes, est utile sur les routes toujours plates des Flandres, car il permet de tourner en un espace plus court et on risque moins de casser le timon.

M. Naeyaert possède un chariot de ce genre, mais cela n'est pas suffisant, car il faut souvent emprunter le chariot du voisin à titre de réciprocité d'ailleurs.

Le « béniot » ou tombereau à 3 roues est fort employé dans la région, parce que moins fatiguant pour les animaux et ne nécessitant pas de sellette. Cependant le « béniot » oblige le conducteur à diriger le véhicule à la main et dans les mauvais chemins et les champs, la roue de devant franchit péniblement les trous et les ornières, obligeant le cheval à donner de forts coups de collier.

Au « béniot » M. Naeyaert préfère 2 tombereaux pouvant contenir un peu plus d'un mètre cube.

Nous citerons encore comme instrument de transport le « traîné », minuscule chariot indispensable pour aller aux champs avec les herses et les autres instruments.

Ce petit véhicule sert aussi beaucoup pour les petits transports d'engrais, de graines, etc...

3° INSTRUMENTS A TRANSFORMER

Un tarare, une écrémeuse, une baratte, un coupe-racines et un aplatisseur. La plupart des instruments de culture énoncés proviennent de la maison Candelier de Bucquoy qui a toujours donné grande satisfaction au cultivateur.

Les tombereaux et chariots sont exécutés par le charron du village. Le matériel de la ferme semble être proportionné aux besoins et à l'étendue des terres. Ceci est important, car tout excédent de matériel augmente en effet le capital immobilisé qu'il faut amortir et souvent il se détériore et perd de sa valeur même sans travailler.

Ce matériel doit être constamment entretenu et on ne saurait trop recommander de passer l'inspection des moissonneuses aussitôt la récolte et de les faire réparer s'il y a lieu, de manière à les avoir prêtes lors de la prochaine campagne.

Il faut aussi veiller à ce que le matériel roulant soit graissé régulièrement surtout lors de la moisson et du transport des betteraves, car le conducteur fatigué, néglige souvent le graissage qui doit être fait deux fois par semaine. Il ne faut pas oublier non plus de toujours ranger le matériel sous les hangars à l'abri des intempéries.

Deuxième Partie

Système Cultural

En 1787, Young dont l'enthousiasme pour ses compatriotes ne connaît pas généralement de limites disait en parlant des Flandres : « la terre est labourée avec une attention et une activité qui n'ont point d'exemples ; les moissons y sont distribuées avec intelligence ; celles qui nettoient et améliorent le sol suivant celles qui le gâtent et l'épuisent : ce sont de véritables jardins qu'un Anglais pourrait visiter avec profit ».

Ce que le voyageur anglais remarquait déjà à la fin du XVIIIe siècle est encore vrai actuellement. Certes depuis, lors, à mesure que progressaient les sciences agronomiques et que les conditions économiques s'amélioraient, l'agriculture a bien évolué, mais les champs sont toujours cultivés avec autant de soins. L'assolement triennal est suivi depuis très longtemps dans la région, même avant l'introduction de la culture de la betterave ainsi que le montrent les lignes suivantes écrites par le Baron de Calonne en 1886 : « En Flandre, la jachère n'est plus connue et les champs ne se reposent jamais. Les récoltes d'été ne satisfont pas le fermier, à peine la moisson est-elle terminée que la terre reçoit de nouvelles semences qui fournissent de nouveaux végétaux, lesquels couvrent les champs, automne et hiver, jusqu'à ce que le printemps avertisse de la préparer pour la saison suivante » ; et, avant lui, Young comparant la Flandre avec l'Artois avait déjà dit :

« En Flandre, vous êtes dans un jardin ; traversez une rivière et vous êtes dans le champ du paresseux. Ici l'esprit humain est actif et intelligent, là, il est dans un état de torpeur et de mort ». Ce parallèle est évidemment exagéré mais il montre la grande différence qui existait entre la culture Flamande et la culture Picarde.

Les engrais chimiques et avant eux les tourteaux ont été rapidement adoptés comme complément ordinaire de la fumure en cas d'insuffisance du fumier de ferme.

Cependant, il y a encore un léger progrès à faire sur ce dernier point : c'est l'adoption de la potasse, élément parfois aussi indispensable que l'Azote, surtout dans les cultures intensives dont la betterave à sucre forme, pour ainsi dire, le pivot.

Ce qui fait que la Flandre a toujours été ainsi au premier rang parmi les régions agricoles de la France, c'est qu'elle est proche de l'Angleterre, où la culture est si scientifique, et, aussi de la Belgique, où les méthodes allemandes sont vite adoptées.

De plus avec le Baron de Calonne, il faut reconnaître que « personne n'entend mieux l'agriculture que les Flamands et que la lenteur de leurs allures n'exclut pas l'amour du travail, qu'ils ont de l'esprit et du cœur et du bon sens, et, si on les trouve grossiers et stupides dans la conversation, on doit reconnaître qu'ils sont habiles dans les affaires ». (1)

---

(1) « La vie agricole sous l'ancien régime dans le Nord de la France » (Baron de Calonne).

CHAPITRE PREMIER

Assolement

L'exploitation a une superficie totale de 45 mesures (la mesure de 43 ares) soit 19 hectares 35. C'est la ferme moyenne dans le pays. Près de 40 mesures soit 17 hectares sont en culture et 2 hectares 35 en prairies dont il faut retirer 10 ares pour la ferme et 5 ares pour le jardin.

L'assolement ou ordre dans lequel des cultures différentes les unes des autres se succèdent pendant un certain nombre d'années déterminées n'est plus dans beaucoup de cultures des Flandres régulièrement suivi ; des modifications importantes s'opèrent suivant la nature du sol et les cours des denrées agricoles. Et certains agronomes pensent qu'en cela les cultivateurs ont grandement raison.

Cependant l'assolement est nécessaire, car les cultures qui reviennent trop souvent sur le même sol, finissent par ne plus donner que des faibles rendements malgré les fumures, par suite de l'appauvrissement en éléments nécessaires, spéciaux à chaque plante ; de l'utilisation trop répétée de la même couche du sol ; de la multiplication d'insectes parasites ; enfin et surtout par les excrétas laissés dans le sol par la plante et qui lui deviennent toxiques si elle reparaît plusieurs années sur le même terrain. Nous avons dit ci-dessus qu'il n'y avait plus d'assolement régulièrement suivi dans les Flandres, mais cela ne veut pas dire que le cultivateur ne garde pas une certaine succession dans ses semis, ainsi il ne mettra jamais plus de deux fois la même plante sur le même terrain et encore il faudra que les cours soient très élevés pour telle ou telle denrée, qu'un semis soit manqué, ou qu'il soit nécessaire d'alimenter une industrie quelconque pour laquelle on n'est pas certain de trouver les matières premières nécessaires. Ce que le cultivateur Flamand regarde avant tout dans la rotation qu'il adopte, c'est de conserver ou d'obtenir la propreté de ses terres, car puisque les plantes cultivées se développent très bien, il est logique que les mauvaises herbes y croissent aussi très vite. Cette tendance à l'enherbement est encore accrue par le grand nombre de bordures de fossés où les plantes adventices peuvent pousser librement et ensuite épandre leurs graines sur les terrains cultivés.

Chez M. Naeyaert c'est l'assolement triennal qui est la base de la culture, mais nous devrions plutôt l'appeler assolement libre car il est transformé à volonté.

Le voici tel qu'il se présente :

Première sole

Betteraves sucrières	5 Ha 65

Deuxième sole

Blé	3 Ha 80
Chicorée	1 Ha 85
	5 Ha 65

Troisième sole

Blé	1 Ha 70
Avoine	2 Ha 50
Lin	1 Ha
Trèfle violet	0 Ha 50
	5 Ha 70

Cet assolement est évidemment théorique, car le sol est tellement divisé dans nos régions par les fossés et watergands nécessaires que les pièces sont très irrégulières et le cultivateur ne s'amuse pas à diviser ses champs afin de pouvoir satisfaire les exigences de l'assolement ; et ceci avec raison car l'assolement ou la succession des cultures doit se comprendre non comme règle absolue, comme un frein à l'initiative du fermier, mais comme un cadre, un jalonnement qui, tout en permettant au sol de se nettoyer et de se reposer, tolère des modifications parfois sensibles dans la rotation des cultures selon la nécessité du moment et le bénéfice préjugé.

Nous avons affaire ici à un assolement industriel, un assolement propre à la culture intensive et par conséquent très épuisant : 50 ares seulement de trèfle viennent reposer le sol par rotation. Cet assolement nécessite donc une grande quantité d'engrais qui d'ailleurs ne lui sont pas mesurés parcimonieusement. Le capital d'exploitation nécessaire sera de ce fait assez élevé. Avant d'adopter la culture industrielle, il faut considérer quelle est la fécondité de la couche arable, car il faut être persuadé que cette culture n'est lucrative qu'avec des terres riches, capables de payer les grosses dépenses d'engrais et de main-d'œuvre.

Si l'on examine l'assolement exposé plus haut, on peut voir qu'il vise surtout à la production des betteraves et du blé. Ces deux produits trouvent un écoulement facile dans la région : aux sucreries de Pont-d'Ardres, de la Bistade ou à la distillerie de Bourbourg pour la betterave, à la minoterie de Bourbourg ou aux courtiers en graines de semence de Gravelines pour le blé.

La chicorée a un débouché plus proche dans les sècheries du village et le lin est vendu à Bourbourg à des courtiers Belges le plus souvent. Quant à l'avoine et au trèfle, il n'y en a souvent que pour la consommation intérieure. Le surplus serait vendu aux fermiers voisins.

L'alternance des cultures est dans notre assolement

presque entièrement respectée et il n'y a comme inconvénient que le blé sur blé qui arrive en troisième sole
sur près d'un hectare. Ceci pourrait très bien s'arran-
ger si l'on mettait le blé après la chicorée, mais on préfère garder cette place pour le lin, qui, venant après
deux plantes racines, betteraves et chicorée trouve ainsi
un sol très propre qu'il est facile d'entretenir par un
ou deux sarclages. La chicorée vient après la betterave
et on s'accorde à dire que cette place ne vaut rien.
Cependant les inconvénients s'ils existent doivent être
peu sensibles. Le blé, sauf la petite partie qui vient en
troisième sole et l'avoine se trouvent dans les conditions ordinaires de l'assolement triennal. Au point de
vue du nettoyage du sol, l'assolement est on ne peut
plus satisfaisant, car outre la grande superficie tenue
par les plantes sarclées, il faut ajouter que les céréales
sont toujours binées au moins une fois pour le blé et
deux fois pour l'avoine. Comme nous le disions plus
haut, le paysan flamand tient énormément et avec raison à la propreté de ses terres. C'est un moyen d'éviter
l'évaporation exagérée de l'eau si utile aux plantes cultivées. Ceci est peu à redouter sans doute mais on
empêche aussi de cette façon les pertes d'engrais sans
compter que les plantes adventices peuvent diminuer
énormément la valeur de certaines récoltes telles que
le lin et aussi du blé cultivé pour la semence.

CHAPITRE DEUXIÈME

Cultures

BETTERAVES

La betterave sucrière constitue l'une des principales cultures de la région ; cultivée depuis assez longtemps déjà, elle a remplacé avantageusement les cultures d'œillette et de colza et elle a permis la suppression complète des jachères.

L'importance de cette plante sarclée dans notre assolement s'explique aisément, tout d'abord par la qualité de la terre qui se prête merveilleusement au développement des racines, ensuite par les améliorations que la présence de cette plante a apportées dans l'agriculture de la région, enfin par la situation merveilleuse que nous possédons par suite de la proximité de deux canaux et du nombre de sucreries qui se trouvent dans le pays.

Il y a, à Saint-Folquin, autour du pont-du-Halot, jeté sur la rivière Mardyck canalisée, trois dépôts de betteraves appartenant à trois maisons différentes. Le dépôt le plus important est celui de la sucrerie de Pont-d'Ardres à 17 kilomètres qui reçoit la majorité de ses racines par voie d'eau. C'est à cette usine que seront livrées les betteraves de l'exploitation.

Une autre sucrerie reçoit aussi beaucoup de betteraves du village ; c'est celle de Sainte-Marie-Kerque, fondée en 1870 par M. Stoclin et qui est plus connue sous le nom de sucrerie de la Bistade. Le troisième dépôt appartient à la distillerie de Bourbourg, propriété de M. Duriez qui possède également une minoterie. Il est compréhensible que, dans ces conditions, la culture de la betterave sucrière ait pris un développement rapide. Mais depuis 1915, on a remarqué un fléchissement assez sensible dans la production de cette plante qui fut alors concurrencée. mais surtout dans les terres légères, par la chicorée.

La betterave permet d'entretenir les terres dans un excellent état de propreté et de fertilité, grâce aux façons nombreuses et aux fumures qu'elle demande.

La culture de cette plante prépare merveilleusement la terre pour y faire un bon blé, et les vieux cultivateurs qui ont quelquefois cultivé la betterave avec un certain déficit, savaient bien qu'elle serait suivie d'un blé rémunérateur.

Variété

La betterave est semée sur 5 hectares 65 avec les graines fournies par la sucrerie. En 1925, ces semences de provenance tchéco-slovaque qui devaient fournir un très fort poids à l'hectare avec beaucoup de sucre ont bien donné des rendements de 35.000 kilos environ dans les bonnes terres mais avec une faible proportion de sucre. Ceci n'était pas du tout dans l'intérêt du fabricant qui préfère avoir un fort rendement en sucre en traitant le minimum de racines. Aussi, délaissant ces graines étrangères sans doute mal adaptées au sol et au climat, l'usine a préféré acheter ses semences à la maison Florimond Desprez, de Capelle, qui produit une variété faite pour le climat du Nord de la France. Malheureusement, la Desprez est une betterave qui préfère les terres argileuses assez compactes, elle ne convient donc pas à toutes les terres de l'exploitation.

C'est pourquoi pour les terrains les plus sablonneux on emploie d'autres graines que celles fournies par la sucrerie et principalement la Pont-de-Pierre, betterave de race Brabant sélectionnée, de richesse en sucre moyenne, de grand rendement en poids et facile à arracher.

Il y aurait aussi avantage à adopter une variété hative dans une faible proportion de l'emblavement, afin de permettre l'arrachage assez tôt des racines pour assurer l'approvisionnement des usines dès la fin de septembre, car les betteraves livrées à cette date sont en effet payées plus cher.

Engrais

Les betteraves viennent en tête de l'assolement et reçoivent tout le fumier disponible. Mais malgré un certain apport de l'extérieur, on n'arrive guère qu'à fumer 3 hectares à une moyenne de 35 tonnes à l'hectare. On ne répète cette fumure qu'une seule fois pour deux rotations, c'est-à-dire pour six ans, sauf toutefois pour une parcelle de terrain de 2 mesures (86 ares) qui est fumée à chaque tour. Cette pièce est en effet très sablonneuse, et on sait que ces sols sont très grands consommateurs de fumier, et il vaut mieux leur en donner moins à la fois, mais plus souvent.

Pour les 2 ou 3 hectares qui ne peuvent recevoir de fumier de ferme, on est obligé d'avoir recours aux engrais organiques du commerce et principalement au tourteau. Ce dernier est très employé dans les Flandres, sans doute à cause de la proximité du port de Dunkerque, mais aussi à cause des bons effets qu'il produit et dont Mathieu de Dombasle le comparant avec le fumier disait : « 1.000 à 1.200 kilos de tourteau produisent un effet comparable à 30 ou 40 tonnes de fumier, pourvu que l'année ne soit pas trop sèche ». Malheureusement les tourteaux n'étendent guère leur action plus loin que la première année. Le tourteau de colza est employé à la dose de 1.000 kilos par hectare. On lui adjoint 600 à 800 kilos de superphosphate, 300 kilos de sulfate d'ammoniaque et 200 kilos de nitrate en couverture.

Avec le fumier on met 200 kilos de sulfate d'ammoniaque, 500 kilos de superphosphate et 200 kilos de nitrate.

Ces deux formules de restitution sont à peu près équivalentes en ce qui concerne l'azote et l'acide phosphorique, mais nous notons un grand déficit en potasse lorsqu'on emploie le tourteau.

D'ailleurs si la fumure est suffisante pour l'azote, surabondante en acide phosphorique (ce qui n'a pas d'importance puisque le sol exerce à l'égard de ce principe son pouvoir absorbant) elle est nettement insuffisante en potasse élément qui entre cependant en grande quantité dans la plante. Aussi nous estimons qu'il serait bon d'introduire dans la fumure 200 à 300 kilos de chlorure ou de sulfate de potassium, car le sol n'en contient pas assez. A propos de fumure, on ne peut que recommander de semer des variétés de betteraves très riches en sucre, car plus les racines sont riches en cet élément uniquement composé d'eau (hydrogène et oxygène) associée au carbone tiré de l'acide carbonique de l'air par la chlorophylle, plus elles sont pauvres en cendres et en matières minérales, par conséquent moins elles sont épuisantes.

Le fumier est enfoui par le labour d'hiver. Le superphosphate et le sulfate d'ammoniaque dès la première façon de printemps, les tourteaux sont enterrés aussi par un labour mais seulement en février-mars.

Travail du sol

Pour qu'une bonne graine donne de bonnes betteraves il faut la placer dans un milieu favorable et pour cela bien préparer le sol. Aussi dès l'enlèvement de la céréale, vers le mois de septembre la terre reçoit une ou plutôt deux façons superficielles (0 m. 05) à l'aide du déchaumeur. Cette opération est un des moyens les plus efficaces pour détruire les larves d'insectes et les mauvaises herbes. Elle évite en outre les pertes d'eau par évaporation et permet de recueillir et de conserver l'eau qui peut tomber au cours de la fin de l'été et pendant l'automne. En effet, après la moisson, la capillarité existe d'une façon continue entre le sous-sol et la surface même du sol qui est très tassée ; l'eau remonte donc et s'évapore d'autant plus activement que nous jouissons souvent d'une fin d'été chaude où les courants d'air desséchants sont assez violents.

Les mauvaises herbes détruites n'évaporent plus de grandes quantités d'eau, en pure perte pour l'agriculteur. Enfin, le déchaumage ameublit la couche qui sera placée au fond de la raie de charrue après le labour. De cette façon le contact entre le fond de la raie et la terre retournée est parfait et ne laisse pas de vides qui permettent à la betterave de pousser des racines latérales et de perdre sa régularité de forme, rendant plus difficile l'arrachage et occasionnant des pertes de poids parfois énormes.

Après le déchaumage et les semailles de blé vient le labour d'hiver par lequel on enfouit le fumier. Et ici nous reproduirons une phrase souvent citée par les Allemands : « Tout champ qui ne se prête pas aux défoncements doit être considéré comme impropre à la production de la betterave industrielle ». Ceci est peut-être exagéré et dans notre exploitation, bien que l'on ne dépasse jamais la profondeur de 20 centimètres on arrive à obtenir des rendements assez enviables. Cependant les cultivateurs reconnaissent parfaitement l'avantage des sols profondément remués et certains pratiquent parfois des fouillages, mais la traction nécessaire aux labours profonds ne se rencontre pas dans la plupart des fermes et le temps indispensable pour les fouillages n'est pas toujours disponible ; aussi en reste-t-on aux anciennes pratiques du labour à 18-20 centimètres.

Au printemps dès que le temps est favorable, et que le sol parait en bon état d'humidité, on donne les façons superficielles en vue des semailles. On cherche une terre meuble, bien rassise, car c'est à cette condition que la betterave pourra se développer régulièrement et avoir une bonne levée.

On travaillera d'abord avec la herse chargée, puis pour obtenir une couche bien pulvérisée, on complètera la préparation en passant plusieurs fois le scarificateur, la herse et le rouleau (deux fois en temps ordinaire). La terre est alors prête pour le passage du semoir.

Semailles

Les semailles se font au semoir à 4 socs (Robillard). Avant de semer, on ne manque jamais d'essayer la faculté germinative afin de régler la quantité de graines à répandre.

La quantité généralement adoptée est de 20 kilos par hectare, ce qui est amplement suffisant avec l'espacement adopté de 0 m. 42 entre les lignes. Aussitôt après le semis, on donne un léger coup de herse et un roulage, puis on attend la levée.

Le semis se fait du 15 avril à la mi-mai dès que la terre est à point. Plus on sème tôt, plus les rendements sont augmentés et chaque fois qu'on le peut, il faut mettre le temps avec soi, il donne des plus-values gratuites.

Soins de végétation

Environ quinze jours à trois semaines après le semis, quand les lignes sont bien visibles et que les jeunes plantes ont deux ou trois feuilles, on donne le premier binage. On enlève ainsi les mauvaises herbes et on empêche la terre de se dessécher. Cette façon est donnée à la houe à cheval à trois rangs. Nous opérons ainsi deux binages jusqu'au démariage.

Environ dix jours après, quand la plante a quatre feuilles bien développées, on effectue le plaçage qui consiste à laisser des bouquets de betteraves tous les 25 centimètres environ, puis le démariage.

On laissera quatre pieds au mètre soit un pied tous les 25 centimètres.

Le démariage est une opération capitale et on ne saurait trop insister sur la nécessité de l'opérer de bonne heure, de placer régulièrement les plants et de laisser sur chaque touffe le plus beau pied, c'est le meilleur moyen d'augmenter économiquement le rendement.

Le démariage est exécuté soit par une « bande » d'ouvriers et ouvrières spécialisés et qui font beaucoup de besogne en une journée, soit par une ou deux personnes du voisinage qui vont peut-être moins vite, mais font un ouvrage plus sérieux.

On préfère d'ailleurs ce dernier mode, car le plus souvent le plaçage est fait par le personnel de l'exploitation et la « bande » ne se dérange que pour faire les deux travaux ensemble.

Le plaçage et le démariage sont payés 300 fr. l'Ha. Le démariage seul coûte 150 fr. l'Ha.

Après le démariage, il est bon de rouler, car, bien que le démarieur doive, en principe, tasser un peu le collet du plant choisi, la betterave est quelque peu déchaussée.

Le roulage la renfonce en terre.

Les trois ou quatre premiers jours, la plante paraît souffrir de ce roulage, mais sous l'influence du nitrate appliqué après le démariage, elle se relève ensuite avec plus de vigueur. Le roulage a encore comme conséquence de faire mieux pivoter la plante.

D'autres binages (3) à la main se succèdent ensuite dans le courant de juin. Le dernier se donne vers le 10 juillet. Ces binages fréquents ne sont pas inutiles, car ils empêchent une évaporation trop intense, nettoient le sol, et selon la formule des Allemands « On fait le sucre à coup de houe ».

Récolte et vente

Le moment de la récolte est assez difficile à déterminer. On se borne à considérer l'aspect du feuillage qui devient alors jaunâtre.

L'arrachage s'effectue ordinairement du début d'octobre à la fin novembre. Plus tard, il faudrait craindre les premières gelées. Ajoutons que, bien souvent, on ne tient pas compte de la maturité pour l'arrachage; la nature du terrain, les pluies, la situation des pièces, exercent une influence assez considérable à ce sujet. L'arrachage se fait au moyen de la fouilleuse, de la bêche ou louchet, ou encore de la fourche. Le décolletage est fait aussitôt, ainsi que la mise en tas. Ces opérations sont payées à raison de 500 fr. l'hectare.

On recouvre très rarement les tas, car les tombereaux suivent les arracheurs de très près, et emmènent immédiatement les racines au dépôt ou « silo », ou près des péniches le long du canal. Le chargement est effectué par le personnel de la ferme. En chargeant ainsi immédiatement après la récolte, les betteraves ne subissent aucune perte de poids.

Le rendement des betteraves atteint dans les meilleures terres de la ferme 35 à 45 tonnes à l'hectare suivant les années, avec une densité ordinaire de 8° 5, mais, par contre, dans les terres sablonneuses qui sont la majorité chez nous, il est assez difficile de passer 25 à 28 tonnes à 8° et 8° 5 de densité. On peut même dire qu'en année ordinaire bien des cultivateurs atteignent à peine 20 tonnes, mais ceci est peut-être une affaire de fumure, car nous n'avons jamais enregistré, même pendant les années les moins favorables, de rendements inférieurs à 22 tonnes par hectare avec une densité de 7° 9.

Une fois chargées, les betteraves sont menées au « silo » où, après la prise de densité et la fixation de la tare, les betteraves sont, soit pesées et mises en tas, soit conduites au canal dans une péniche. On prend le degré d'enfoncement de l'échelle métrique et on charge la péniche (souvent c'est le batelier et sa famille qui se charge de ce travail) au moyen de brouettes. Quand le bateau est plein, on prend le degré de flottaison, et le verbal ou barème du bateau établit le poids contenu dans la péniche. Sans perdre de temps, le batelier se met en route vers l'usine. Les péniches nous sont envoyées par l'usine qui en est souvent propriétaire. Dans ce dernier cas, la prise de tare et de densité est faite aussi par le chef du dépôt voisin qui surveille le chargement.

Comme nous l'avons dit plus haut, les betteraves sont vendues à la sucrerie de Pont-d'Ardres avec laquelle M. Naeyaert passe en mars-avril un contrat pour la campagne suivante. Ce contrat est également appelé compromis, mot qui indique bien la forme de double engagement que reproduit le papier.

Les contrats sont établis par les agents, ils indiquent la quantité maxima et la quantité minima de betteraves qui pourra être fournie (sauf demande d'expertise de la récolte avant le 10 septembre). Ils établissent également la quantité de graines nécessaire aux ensemencements et le prix de vente de cette graine.

Le prix de la tonne, poids net titrant $7°5$ est payé 70 % du prix du sucre avec 0, 80 % du prix du sucre en supplément, par dixième d'augmentation au-dessus de $7°5$. Au-dessus de $8°$, augmentation par dixième de 1 fr. % du prix du sucre. Le cours du sucre servant de base au règlement sera la moyenne des cotes mensuelles du sucre blanc n° 3, établies par les courtiers de la Bourse du Commerce à Paris, du livrable sur les trois de novembre pendant le mois d'octobre, et du disponible pendant les mois de novembre, décembre, janvier, février, mars, avril, mai et juin. La côte mensuelle étant diminuée de 2 fr. en janvier, 4 fr. en février, et ainsi de suite jusqu'à 10 fr. en juin, pour couvrir tous les frais d'entrepôts ou autres.

La quantité de pulpes remise est de 40 % du poids de betteraves livrées, au prix de 14 fr. sur bateau départ usine. Le prix de la betterave sans reprises de pulpes est majoré de 10 fr. la tonne nette.

Le paiement de la récolte se fait à raison des deux tiers environ à partir du 1ᵉʳ janvier, et le solde à partir du 15 juillet.

Ce contrat est conforme à la décision du Syndicat des Fabricants de sucre. Il vise surtout à la production de la betterave riche favorable à la fabrication.

LA CHICORÉE

Cette culture, qui doit remplacer la betterave dans notre ferme et qui n'était cultivée que sur un hectare et demi autrefois, sera traitée spécialement un peu plus loin.

Nous indiquerons seulement ici qu'elle était vendue au cours de l'époque à la sécherie de M. Isaert de Saint-Folquin.

LE BLÉ (6 Hª)

Le blé occupe la place la plus importante dans notre assolement. La majeure partie de ce blé vient après la culture de la betterave, place logique de cette céréale, et le reste vient sur le blé de betteraves en troisième sole.

Cette méthode peut être discutable et être souvent déconseillée, cependant nous avons entendu des agriculteurs avouer que leur dernier blé valait mieux que le premier, et ceci probablement parce que les déchets organiques tels que fanes de betteraves, collets, racines, avaient eu le temps de se décomposer, et, par conséquent, rendaient la terre plus franche, moins soulevée et assuraient à la végétation du blé une quantité suffisante d'éléments fertilisants. Une autre raison est peut-être aussi que les deuxièmes blés sont ordinairement semés plus tôt que les blés de betteraves dans des terres moins tourmentées par les charrois sur un sol mouillé.

Voilà différentes raisons qui semblent militer en faveur du blé sur blé, bien qu'ordinairement on considère comme désavantageux de semer deux fois en suivant la même plante sur un sol quelconque.

Nous n'avons fait que reproduire ici les données qui nous ont été confiées par plusieurs agriculteurs, et il serait mal venu à nous qui n'avons aucune expérience en la matière de venir contredire une opinion de praticien expérimenté.

Toutefois, nous ne pouvons considérer comme normale cette place du blé dans l'assolement, et il serait à souhaiter de la voir entièrement dans la seconde sole, mais de cette façon nous ne pourrions obtenir un lin très propre, et il faudrait réduire la superficie semée en betteraves. Parfois, on met encore le blé après avoine, avec 800 kgs de tourteau comme premier engrais.

Variétés

Le blé cultivé dans notre exploitation est uniquement du blé d'hiver ou plutôt du blé alternatif, car à cause de notre climat maritime et de l'hiver relativement peu rigoureux convenant très bien à la culture des céréales, les semailles se poursuivent très tard, jusqu'en février.

Parmi les variétés actuellement cultivées, on trouve surtout le Wilhelmine, plus connu dans la région, sous le nom de double Stand-Up. Ce blé à épi compact, carré, a une paille très forte, de moyenne hauteur, aussi peut-il résister à la verse, trop commune dans nos pays.

Il talle bien, résiste à la rouille, mais est sensible à l'échaudage.

Le blé des Alliés est aussi assez souvent adopté pour les derniers emblavements, car il peut être semé jusque fin février. Mais il donne toujours des rendements inférieurs au précédent. De plus, comme il mûrit plus vite, il est parfois la proie des bandes de moineaux du voisinage qui l'égrènent et font perdre à la récolte un certain poids.

Le Hâtif inversable est encore adopté à cause de sa résistance à la verse, mais il talle peu et est sensible à la rouille, aussi est-il moins recommandable.

La semence est renouvelée tous les trois ans pour le Wilhelmine, et tous les deux ans pour les autres variétés. La graine de semence provient, en général, de blés anglais achetés par le Syndicat de Bourbourg ou de la maison Honoré Vaillant, de Gravelines, mais on se contente parfois d'échanges avec les voisins dont on a pu remarquer la récolte dans les champs. Ainsi après un triage, on a une semence bien nourrie, adaptée, pour un prix peu supérieur au cours et parfois même égal à celui-ci. Tous les blés sont semés purs, malgré les meilleurs rendements que pourraient produire les blés mélangés, car les minotiers de la région, travaillant beaucoup de blés étrangers, préfèrent trouver ici des blés purs, afin de faire eux-mêmes les mélanges convenables et par conséquent les paient un peu plus cher.

Préparation du sol et semis

Aussitôt l'enlèvement des betteraves, on donne un labour moyen de 12 à 15 centimètres au plus, et comme le blé demande des terres non creuses, on laisse la terre se tasser quelques jours, puis on donne deux hersages un en long et l'autre en travers si la pièce s'y prête ou si la largeur est trop minime, on donne le second coup en biais ou comme l'on dit dans le pays, « en écornant ».

Le sol est alors prêt pour le semis. Il ne faut pas chercher d'ailleurs un trop grand raffinement du sol, assez difficile à obtenir en cette saison, car les mottes protègent la jeune plante contre les gelées, grêles et pluies de l'hiver.

Le semis se fait toujours au moyen du semoir de 5 à 9 rangs. Ceci demande peut-être plus de temps que le semis à la volée, mais il faut alors mettre plus de grains à l'hectare, ce qui est coûteux au taux actuel du blé, et il est impossible de maintenir la propreté des terres par les binages. La semence n'est pas ici traitée au sulfate de cuivre, pour la préserver des maladies cryptogamiques (charbon, carie). Aussi une partie notable de la récolte est-elle souvent altérée par des grains noirs et bruns. Ceci diminue non seulement le poids des grains et par suite le rendemnt, mais aussi la valeur marchande. C'est ainsi que le charbon a pu faire des ravages considérables dans notre culture en l'année 1925.

Il suffit cependant de 1 ou 2 kgs de sulfate de cuivre pour traiter 10 hectolitres de graines, et l'argent ainsi avancé est toujours rendu avec gros intérêt.

La rouille qui, en raison de l'humidité des Flandres et du climat doux de l'hiver, devrait ravager nos céréales, fait peu de dégâts, car outre l'emploi des variétés très résistantes à ce champignon (Wilhelmine), le semis en lignes favorisant la circulation de l'air entre les tiges ne lui permet pas de se développer, même dans les champs non drainés.

Les lignes sont espacées de 15 à 20 centimètres, cet écartement est suffisant pour permettre le passage de la bineuse à main.

La quantité de semence mise à l'hectare varie un peu suivant la saison du semis. Elle passe de 225 kgs en novembre à 180 kgs en février.

Cette quantité peut paraître un peu faible, mais est cependant suffisante lorsqu'on emploie de la bonne graine, le blé est bien dru et donne de bons rendements comme nous le verrons.

Un coup de herse après le semis enterre le grain.

Engrais

Sur les blés qui viennent après betteraves, pour activer la végétation, on épand en mars environ 200 kgs de nitrate en couverture et parfois 250 kgs.

Quant au blé sur blé comme les fumures antérieures

sont déjà un peu épuisées, on épand le superphosphate à raison de 300 kgs mélangé à 150 kgs de sulfate d'ammoniaque lors du labour avant les semailles, et 200 kgs de nitrate en couverture au printemps.

Avec la quantité de superphosphate laissée par la betterave et retenue par le sol, le blé a ainsi une fumure convenable en azote et acide phosphorique, mais manquant toujours de potasse.

Soins d'entretien

Aussitôt après l'hiver, vers la fin mars, il faut faire le rhabillage et donner d'autres soins destinés à aérer et approprier le sol, puis faire taller.

Dans ce but, on commence par faire passer la herse étoilée qui accomplit un très bon travail en détruisant les mottes, remuant le sol énergiquement, et ramenant la terre sur les pieds de blé. On laisse alors la terre sécher pendant une journée ou deux et on donne un coup de rouleau qui couche les pieds de blé, les forçant à développer de nouvelles racines et de nouvelles tiges. Sous l'influence du nitrate alors épandu, le blé relève bientôt la tête, mais en même temps les plantes adventices recommencent à croître, et bientôt, 12 à 15 jours après le roulage, il faut donner un premier binage, un coup de « rasette ». La rasette est une bineuse à main, son nom vient de ce qu'elle ne fait qu'effleurer la partie superficielle du sol. Pour le blé et l'avoine, la rasette possède deux lames jumelles séparées par un espace suffisant pour ne pas toucher à la ligne de céréale.

On donne souvent un second binage 15 jours après le premier ; puis quand les blés ont 35 centimètres, on passe une dernière fois avec une « bràquette », sorte de binette assez large mais à lame étroite, afin de couper les herbes les plus apparentes, qui pourraient, par la suite, dépasser le blé.

Ensuite, il suffit de passer encore une fois sur le bord

des champs et au centre pour apercevoir les chardons très clairsemés et les enlever.

Dans les grandes fermes, il y a des bineuses à cheval qui ont 5, 7 ou 9 lames selon le semoir.

Récolte

Elle se fait généralement au commencement d'août, dès que le grain a perdu sa consistance laiteuse et que la paille a pris une couleur jaune doré. On fauche avant que le blé ne soit complètement mûr, surtout le blé des Alliés ; on évite ainsi l'égrenage.

La moisson est faite à la moissonneuse-lieuse Mac-Cormick, d'une coupe de 1 m. 80, réglée pour faire des petites bottes de 6 à 7 kgs environ. Les pièces sont détourées à la sape le matin de bonne heure par un ouvrier à la tâche occupé pendant toute la moisson, d'abord pour détourer, puis pour aider à relever et rentrer la moisson.

Les gerbes sont disposées en « dizeaux » de douze bottes (1). Ce travail doit être fait avec soin, car par temps d'orage les dizeaux seraient bouleversés et le grain placé à l'humidité germerait. Aussitôt que la dessiccation de la paille et la maturation du grain sont terminées, la récolte est rentrée à la ferme ou plutôt dans le « parc à mouées » du voisin où elle est mise en meules en attendant le battage. Le « parc à mouées » est une sorte de pâture très réduite où l'on construit les meules et place la paille battue. Il est généralement placé derrière les étables. Chaque ferme ne possède pas son parc, car le prix du terrain est trop élevé.

---

(1) En réalité, les dizeaux sont des chaînes de bottes appuyées l'une contre l'autre et dont les pieds sont écartés. On met six bottes de chaque côté de la chaîne. Ce système est adopté avec les gerbes de moyenne hauteur.

Battage

Pour le battage, nous avons recours à un entrepreneur
dont il faut aller chercher le matériel composé d'une
locomobile, d'une batteuse, d'un lieur et d'une presse.
Moyennant la fourniture du charbon, de la ficelle et la
nourriture de trois hommes, le prix de revient du battage
est de 6 fr. par quintal en faisant lier la paille. Si l'on
fait presser, on donne 0 fr. 90 par balle pesant 50 kgs
environ. On préfère presser la récolte, de cette façon,
il ne faut pas fournir de ficelle actuellement assez chère,
ensuite la paille tient moins de paille et peut être conservée sous le hangar à l'abri des intempéries ; les transports à la gare de Bourbourg ou à la Cartonnerie de Gravelines sont plus rapides et plus commodes, la paille en
balles est payée plus chère, et enfin, on peut faire passer
dans les ballots bien des brins de paille qui ne pourraient être mis en bottes et constitueraient un déchet
bon à mettre au fumier. Le battage s'effectue de très
bonne heure, le plus tôt possible après la récolte (8 jours
environ) au lieu de battre l'hiver, car il y a environ ainsi
20 % de gain en comptant la main-d'œuvre, le poids,
l'assurance, les rongeurs, l'intérêt d'argent. De plus, de
cette façon, on peut vendre une bonne partie de la récolte à des maisons qui la trient et la revendent comme semence. Le blé est alors payé 10 à 20 fr. au-dessus du
cours. En général, on peut dire que 1/5 de notre blé est
vendu de cette façon. Le blé des Alliés est surtout appré-
cié pour cette vente, sans doute parce qu'il est assez rare
dans la région, et qu'il est très demandé par les agriculteurs de l'Artois et de la Picardie.

Rendement et vente

Le rendement passe de 29 quintaux dans les terres les
moins bonnes, à 40, et parfois 44 quintaux, dans les

meilleures, et nous avons une moyenne qui est un peu supérieure à 35 quintaux généralement.

Le grain est vendu entièrement au mois de septembre au cours du jour, sauf pour la partie destinée à être semée. En 1926, nous avons vendu à 215 fr., prix assez rémunérateur.

La paille qui n'est pas nécessaire aux animaux de la ferme est envoyée à Bourbourg et vendue au prix du jour également. La cartonnerie de Gravelines, qui absorbe une grande quantité de paille, a établi un centre d'achat à Bourbourg, et toutes les pailles un peu endommagées restant de la précédente récolte, ou les ballots contenant trop de déchets pour être achetés par les marchands de paille y sont envoyés.

AVOINE

Cette céréale, semée sur deux hectares à deux hectares et demi selon les années, est uniquement destinée à fournir la nourriture nécessaire aux animaux de la ferme. Elle vient après le blé en troisième sole. L'avoine d'hiver n'est pas cultivée dans notre exploitation malgré ses avantages (rendements plus forts, maturité plus précoce favorisant la soudure entre deux récoltes et échelonnement de la moisson). En effet, il est à craindre que nos hivers, bien que de température moyenne assez douce, lui soient funestes. Cependant la maison Denaiffe de Carignan (Ardennes) met en vente, cette année, deux variétés : l'avoine noire des Ardennes et l'avoine blanche des Ardennes qui pourraient supporter des froids assez prolongés à 14° au-dessous de zéro. Ceci serait un grand avantage, et il serait à souhaiter que l'une ou l'autre des variétés puisse s'adapter à notre climat et surtout à notre sol si humide, où l'avoine pourrit généralement avant le printemps.

Engrais

L'avoine venant en troisième sole dispose encore théoriquement d'un cinquième de fumier, mais comme le fumier employé chez nous est en grande partie du fumier de cheval à décomposition rapide, nous estimons que le reste de la fumure n'est pas suffisant pour obtenir de forts rendements. Par ailleurs, lorsque les betteraves ont été fumées au tourteau, il faut également fournir des engrais.

On donne alors 4 à 500 kgs de superphosphate, et avant le semis, 200 kgs de sulfate d'ammoniaque. S'il le fallait on n'hésiterait pas à remettre 10 à 15 jours après la levée 100 kgs de nitrate afin d'avoir une avoine de belle venue.

Préparation du sol, semis et entretien

Aussitôt la récolte de blé enlevée, on déchaume et on donne un coup de scarificateur ou plus souvent de herse.

Vers la fin de février, nous exécutons un labour de 0 m. 18 environ, puis suivent les façons d'ameublissement ou de semis; un scarifiage, un coup de herse ou d'émotteuse, suffisent généralement pour cette plante qui n'aime guère le creux non plus. La terre est prête à être ensemencée.

Si la saison le permet, les avoines sont semées vers le commencement de mars, car l'avoine craint les atteintes de la chaleur. La semence est renouvelée tous les deux ans. Elle est parfaitement triée, mais elle n'est pas traitée au sulfate de cuivre : ceci a moins d'importance que pour le blé, car l'avoine n'est guère attaquée sérieusement par le charbon et la carie.

Les variétés cultivées sont tantôt la Ligowo et tantôt la Pluie d'Or. La Ligowo, à paille très résistante, convient très bien à nos terres siliceuses ; la Pluie d'Or, à paille plus fine mais assez ferme, donne de bons rendements et surtout un grain excellent pour les chevaux.

L'avoine des Salines ou l'avoine géante à grappes, variétés produites dans la région, à paille haute et résistante, donnant de gros rendements dans les bons sols seraient à essayer dans notre exploitation.

La graine d'avoine, comme celle de blé est répandue au semoir, en lignes espacées de 15 centimètres environ. On met de 120 à 150 kilogs de graines à l'hectare. La graine est enterrée à 4 ou 5 centimètres de profondeur par hersage léger. On donne ensuite un coup de rouleau. La levée a lieu vers le douzième jour après le semis. Quelques jours après on passe dans les pièces avec la bineuse à main afin de détruire les plantes adventices et la semaine suivante avec le rouleau. Lorsque la céréale est bien levée et repartie, parfois avec l'aide du nitrate, on donne encore un binage, puis on se borne à enlever les chardons et les plantes adventices les plus nuisibles.

Dans nos régions les sanves sont peu à craindre, et les plantes adventices les plus communes sont le mouron, le chiendent, la cuirasse et l' « avron » ou folle avoine. Contre ces plantes, il n'y a pas d'autre remède que l'extirpage soigné, les binages et sarclages répétés.

Récolte et rendement

On fait la récolte de l'avoine un peu prématurément afin d'éviter l'égrenage plus fréquent que pour le blé.

La moisson est faite à la machine et les gerbes sont mises en dizeaux comme avec le blé. La dessiccation doit ici être plus complète car l'avoine rentrée légèrement humide s'échaufferait très facilement.

Le rendement moyen de la ferme en année ordinaire est de 35 quintaux à l'hectare. On vend rarement de l'avoine car la quantité est juste suffisante pour les animaux.

La paille est pressée et vendue, sauf ce qui sert à
la nourriture et à la litière des vaches.

LE LIN

Bien qu'abandonné dans beaucoup de régions pour
différentes raisons économiques, le lin a encore gardé
dans la Flandre une certaine place parmi les cultures.

Nous pouvons donner quelques raisons de la conservation de cette plante. D'abord la main-d'œuvre nécessaire à sa culture, composée en grande partie de femmes et de jeunes filles, est encore grâce à Dieu amplement suffisante en Flandre.

Ensuite la proximité de la Belgique permet un écoulement facile des produits. Le transport moins long
coûte aussi moins cher. Les travaux nombreux qui aug-
mentent les frais de la culture du lin, sont réduits au
minimum dans nos terres toujours tenues bien propres
et il suffit souvent d'un sarclage, d'ailleurs opéré bien
souvent par le personnel de la ferme.

Ajoutons que les rendements élevés obtenus ordinairement sous notre climat maritime et dans notre sol
silico-argileux, riche en humus, permettent au fermier
de se contenter d'un bénéfice minime sur le kilo de
lin, que la propreté du lin permet de demander le prix
d'achat maximum pour la récolte et enfin que la plante
a très rarement à souffrir de la sécheresse, son princi-
pal ennemi.

Le lin est souvent semé après le blé (Seine-Inférieure)
ou après avoine (Artois) mais en Flandre on le place
directement après le trèfle, ou plutôt après la chicorée
qui est l'antécédent le meilleur.

Nous donnerons comme raison de ce choix, que la chicorée reçoit beaucoup d'engrais organiques et minéraux et que le lin venant ensuite profite très bien de
l'excédent laissé ; mais il faut que le cultivateur veille
bien à l'arrachage de sa chicorée, car c'est une plante
très vivace qui repousse très bien même si on ne laisse
qu'un fragment de racine.

En outre, la terre est bien remuée et lacuneuse par la culture et l'arrachage de la plante sarclée à racine pivotante, de sorte que la racine du lin n'a pas de mal à s'infiltrer partout.

Enfin, la chicorée, qui demande de multiples travaux d'ameublissement et de nombreux binages et sarclages, laisse le sol en très bon état.

M. Naeyaert aime à semer son lin après deux soles successives de chicorée à cause de la propreté exigée par cette plante textile.

Variétés

Avant la guerre on semait chez nous du lin de tonne provenant de Riga ou de Kostroma.

Le lin de tonne offre en effet plus de résistance à la verse et si les éléments atmosphériques le couchent, il se relève quelque peu. En outre, il donne de meilleurs rendements que la graine d'après tonne, mais la filasse obtenue est un peu moins belle. Enfin le lin de tonne convient mieux aux contrées humides où l'air est brumeux.

Le lin de Riga offre une tige longue, peu ramifiée et un bon rendement en filasse dans les terres riches. Quant au Géant de Kostroma, de très haute taille (1 m. 40) il est signalé comme une des meilleures variétés. A cause de la révolution Russe, les graines de Kostroma, de Riga et de Pskow ont fait défaut pendant quelques années. Le cultivateur Flamand a dès lors été obligé de semer des variétés produites en Hollande et connues sous le nom de graines des Polders et lorsque la Lettonie et la Livonie ont remis des graines sur le marché le cultivateur n'est pas toujours revenu vers ses anciens fournisseurs et a gardé la graine des Polders, qui venant d'un milieu à peu près identique s'acclimate très bien dans notre région. Cette variété à fleur bleue produit une filasse de très bonne qualité. Les marchands Belges des environs de Courtrai recherchent cette filasse et la font rouir dans la Lys.

Engrais

Venant assez longtemps après la fumure, le lin est surtout alimenté par les engrais chimiques, ce qui est d'ailleurs nécessaire car cette plante ayant une période de végétation assez courte (100 jours environ) a besoin d'engrais rapidement assimilables, ce qui la fait regarder comme une culture épuisante (1).

La fumure azotée en trop grande abondance nuit à la quantité et à la qualité de la filasse. Aussi nous n'épandrons dans les sols déjà fournis en azote que 150 kilogs de sulfate d'ammoniaque avant les semailles et 100 kilogs de nitrate de soude en couverture.

A cela nous ajouterons 500 kilogs de superphosphate pour prévenir la verse.

La potasse, élément dominant réclamé par le lin est absent de la fumure ainsi que la magnésie qui procurerait à la filasse sa finesse et à la tige une plus grande rigidité. La Kaïnite, sel brut de potasse qui contient en outre de la magnésie, devrait être employée ici.

Préparation du sol et semis

Le lin aime un sol profond et propre, c'est pourquoi on le place derrière la chicorée. On donne alors un léger labour de 10 centimètres puis vers la mi-mars on travaille le terrain à l'extirpateur, herse et rouleau. La pulvérisation et le tassement du sol assureront la fraîcheur nécessaire à la bonne germination de la graine.

L'époque du semis a une assez grande influence sur le rendement du lin. On recommande de semer le plus tôt possible, afin de pouvoir récolter et mettre en meules avant la moisson.

Dans notre exploitation, on sème généralement du

(1) On sait en effet « que plus la marche est rapide, plus il faut fumer et que le besoin d'engrais est d'autant plus important que la période de végétation est plus courte » (Garola).

15 au 30 mars. Il faut semer à la volée pas trop dru, car le lin manquerait d'air et de lumière, ni trop clair, car la filasse est plus grossière. Chez nous on épand 200 kilogs en terre assez légère et 250 kilogs en terre plus forte.

Le lin ne tallant pas ne peut être semé en lignes économiquement. La semence est enterrée à environ 25 millimètres par deux hersages croisés. On fait suivre d'un léger roulage.

La graine lève après 10 à 15 jours. La levée est bonne si le lin forme un véritable tapis de verdure d'une parfaite régularité.

Soins d'entretien

Le sarclage du lin se trouve très simplifié dans nos terres et même parfois supprimé, à cause de leur propreté.

Le premier sarclage a lieu 6 à 8 jours après la levée quand le lin a environ 5 centimètres de hauteur, si toutefois l'état du sol le permet, car cette opération ne doit se faire que par beau temps.

Récolte et rendement

On compte en général 100 à 120 jours de l'époque du semis à celle de la récolte. Le lin entièrement mûr produirait une filasse sans force et sans souplesse, il faut arracher dès les premiers signes de maturité, qui s'observent au commencement de juillet. Les feuilles jaunissent, les tiges durcissent vers le bas, les dernières fleurs disparaissent et les graines encore laiteuses sont de couleur brun clair. L'arrachage est ce qui coûte le plus cher dans la culture du lin, et ce travail ainsi que la mise en chaînes et en meules revenait à 1.250 francs en 1925.

Chez nous, le liage et la mise en meules sont effectués par le personnel de la ferme. Cette opération est possible car le lin est récolté avant la moisson, en bonne saison, dans les longues journées et au moment où il n'y a pas d'autres travaux. Aussi le prix de revient de l'arracnage fait par une équipe de femmes est-il seulement de 600 fr. par hectare (1925).

En face de ces dépenses énormes, on peut se demander s'il ne serait pas préférable de faucner le lin et de diminuer le poids de la récolte pour hâter le travail et réduire les frais.

De plus les lins ainsi récoltés auraient plus de valeur étant entièrement dépouillés de la terre qui souille toujours ainsi les racines des lins arrachés, et le rendement au rouissage serait meilleur.

Mais pour cela il faudrait que l'acheteur, comprenant qu'on ne lui livre pas de terre, ni la partie inférieure de la tige qui forme un énorme déchet, offre un prix assez élevé au kilo de lin. En effet, on peut compter que par le fauchage, la perte en poids serait équivalente au sixième de la récolte et si nous comptons un rendement de 7.000 kilogs la perte serait de 1.150 kilogs, ce qui au prix moyen de 1 fr. 20 (1926) nous donnerait une diminution de 1.400 francs par hectare.

D'autre part, le fauchage et la mise en chaînes reviennent à 100 fr. environ, ce qui nous donne un gain de 500 fr. par hectare. Il resterait donc à regagner 1.400 — 500 — 900 francs pour 5.850 kilogs, soit 0 fr. 154 par kilog pour qu'il n'y ait ni gain ni perte par l'une ou l'autre méthode. Je crois que ceci peut facilement être demandé de l'acheteur qui aurait aussi un gain assez sensible pour le transport, ordinairement à sa charge. Nous avons vu d'ailleurs payer du lin 1 fr. 40 et même 1 fr. 50 en début de saison 1926. Donc il paraîtrait que le lin peut être fauché et il serait bon assurément que quelques expériences fussent faites sur ce point, surtout dans les régions de la Picardie et de l'Artois où la main-d'œuvre est moins abondante et beaucoup plus chère que dans les Flandres.

Cependant comme il faut compter que 6 à 7 centimètres au moins seraient perdus au bas de la tige, il y aurait une perte en filasse également et certains acheteurs préféreraient sans doute l'ancienne méthode de récolte par arrachage.

En résumé, il semble que le lin peut être fauché surtout quand il est long, mais cette méthode n'est pas à recommander chez nous actuellement. Le fauchage du lin serait peut être un encouragement à cette culture dans d'autres régions, et il est à espérer qu'un agriculteur voudra bien un jour mettre à l'essai cette nouvelle méthode de récolte, à moins que la machine à arracher le lin ne soit bientôt au point.

Les rendements en lin varient énormément avec les années, car les circonstances atmosphériques ont une grande influence sur cette culture. A Saint-Folquin, la moyenne du rendement est de 6.500 à 7.500 kilogs, mais on atteint parfois jusqu'à 9.200 kilogs par hectare.

La récolte est vendue sur wagon gare Bourbourg. En 1925 la moyenne des cours fut de 1 fr. et en 1926 de 1 fr. 20 le kilog.

Le lin est une culture susceptible de rapporter de beaux bénéfices, malheureusement elle est soumise à des surprises parfois désastreuses pour l'agriculteur.

TRÉFLE VIOLET

Le trèfle est la seule plante fourragère employée dans notre exploitation sur 50 ares environ. La luzerne qui offre l'avantage de durer deux ou trois ans, ne peut en effet y croître dans de bonnes conditions car l'humidité est trop abondante dans le sol et le sous-sol, tandis que le trèfle craint la sécheresse et se trouve très bien dans les sols silico-argileux.

Au lieu de semer le trèfle dans l'avoine, nous préférons le semer dans le blé de seconde sole, nous avons en effet remarqué que les rendements étaient alors supérieurs et ceci tient à ce que le trèfle trouve une terre mieux préparée et plus riche en matières fertilisantes. De plus comme le blé reçoit encore quelques engrais, le jeune trèfle profite, au moyen de sa longue racine, des éléments déjà descendus dans le sous-sol et qui seraient perdus dans les eaux de drainage, et comme il emprunte une grande partie de son azote à l'air, nous ne lui donnerons aucun engrais.

Le semis du trèfle se fait vers le mois de mars. La graine est épandue à raison de 30 kilogs à l'hectare aussitôt après le passage de l'émotteuse, puis on donne un coup de herse et un coup de rouleau. Le blé ainsi mélangé de trèfle n'est pas biné. On compte en effet que la légumineuse réussira à étouffer la plupart des plantes adventices.

Lors du fauchage de la céréale, le trèfle a déjà pris un développement suffisant pour être coupé par la moissonneuse, et verdir la partie inférieure des bottes, nécessitant ainsi une dessiccation plus longue. Cette paille mélangée de trèfle est conservée pour la consommation de la ferme.

Au printemps de l'année suivante, dans laquelle il fournira deux coupes, le trèfle reçoit parfois un coup de ploutroir ou de herse, et si un certain nombre de plantes étrangères ont pris le dessus, le champ est sarclé à la main.

La première coupe se fait quand le plus grand nombre des tiges sont en fleurs. Le foin est alors sans doute de moindre qualité que si le trèfle avait été coupé avant, mais il y en a une plus grande quantité. Fauché après la floraison, la quantité serait encore supérieure, mais les tiges seraient ligneuses, moins abondantes en matières azotées, et ensuite, la seconde coupe serait trop retardée.

Cette coupe se fait généralement en juin et elle donne de 6.500 à 7.000 kilogs en moyenne à l'hectare.

La deuxième coupe parfois difficile à faner surtout dans les terres les plus basses se fait à la fin du mois d'août et rend 3.500 à 4.000 kilogs de fourrage sec à l'hectare.

On coupe le trèfle à la faucheuse, on laisse ainsi sécher un ou deux jours, puis on retourne les andains à la fourche.

Le lendemain on ramasse le foin au râteau à cheval et on les met en meulons ou sortes de pains de sucre assez volumineux qui assurent une protection suffisante contre les intempéries.

On rentre en vrac avant dessiccation complète afin de perdre le moins de feuilles possible. On met en bottes au fur et à mesure des besoins.

La quantité de 5.000 kilogs de foin récoltée dans l'exploitation est tout à fait insuffisante pour les besoins des animaux de la ferme et il faut parfois en acheter malgré « le foin de rives ». En 1926 à cause du manque de fourrage, le prix prohibitif atteint par cette denrée le fit remplacer en partie dans la ration des animaux par de la paille mélassée.

FOIN DE RIVES

On donne ce nom au foin composé de toutes les herbes qui poussent sur les versants et la rive des innombrables fossés et watergands qui sillonnent le pays.

Ces herbes coupées à la sape au moment où les eaux sont les plus basses, vers la fin de juin, sont laissées sur place afin qu'elles sèchent, on les retourne une fois après deux jours de séchage, puis on attend à nouveau quelque temps.

Munis d'un grand râteau à dents de bois et d'une longue corde armée d'un mousqueton, deux hommes passent alors le long des rives, l'un ramassant et roulant le foin en bottes pesant environ 50 kilogs et l'autre prenant ces tas de foin serrés dans la corde, et les portant sur le dos jusqu'à la sortie du champ. Ce travail est pénible dans les journées de juillet, sans air, surtout au milieu des blés qui mûrissent.

A la sortie du champ on forme de petites meules

assez allongées qu'il ne reste plus qu'à enlever pour les emmener à la grange. Ce foin de rives est formé principalement de graminées, de jeunes roseaux, de chiendent, de blé, d'avoine, de trèfle et d'innombrables autres plantes plus ou moins odoriférantes et nutritives.

Ce mélange de qualité très variable est très bien accepté par les animaux et on le donne en nourriture aux chevaux aussi bien qu'aux vaches.

Le foin de rives fait d'ailleurs l'objet d'un certain commerce, mais entre voisins seulement, car la marchandise ne vaut pas un long transport. Le prix d'une tonne de ce foin varie de 150 à 200 francs.

Le foin de rives ne coûte d'ailleurs que le ramassage car de toute façon, pour la propreté des terres, il faudrait couper les herbes. Il est en effet très difficile de brûler les bords des fossés, car l'herbe ayant à sa disposition une humidité assez abondante reste toujours verte, et de plus, il faudrait attendre que les moissons soient enlevées, époque où la plupart des plantes adventices ont déjà laissé envoler leurs graines.

Dans notre exploitation, sur les 17 hectares de terre en culture, on récolte jusqu'à 3.000 kilogs de foin de rives.

Ce foin, rentré en bon état, est donné pendant l'hiver aux vaches laitières et aussi aux chevaux de décembre à mars, époque de journées courtes, à travail ralenti, à raison d'une botte le soir.

PRAIRIES NATURELLES

Les prairies naturelles ont une superficie de 2 hectares 50. Elles sont situées autour de la ferme et divisées en trois enclos. Les principales plantes sont le ray-grass, la fléole des près, la lupuline et surtout le petit trèfle blanc ou trèfle rampant.

La grande variété des plantes contenues dans l'herbage donne à l'herbe une saveur appétissante plus grande.

Les prairies établies sont très bonnes comme le remarquait pour 1780, le Baron de Calonne quand il disait : « en dehors de la Flandre dont les pâturages sont universellement réputés, il est très peu de prairies vraiment dignes de ce nom » (1).

Ceci est dû, ainsi que l'avait d'ailleurs remarqué cet agronome, au magnifique système d'irrigation ou de dessèchement qui couvre le pays.

Mais pour être rémunératrices, ces prairies doivent recevoir des soins et des fumures appropriées.

Trop de cultivateurs pensent encore que les prairies peuvent produire sans recevoir d'engrais.

Les prairies non fertilisées perdent les bonnes espèces herbacées plus exigeantes en principes nutritifs ; le moindre apport d'engrais fait apparaître des espèces particulièrement intéressantes pour la nourriture des animaux.

Il faut songer en effet que la croissance des plantes et l'enlèvement des produits, épuisent la terre, surtout en acide phosphorique et en potasse, éléments qu'il est absolument indispensable de lui restituer. L'azote est puisé en grande partie dans l'atmosphère. Cependant il est toujours bon d'en épandre un peu au printemps.

Le purin, qui peut être recueilli dans la fosse à fumier, est toujours épandu sur la prairie voisine mais cela est grandement insuffisant. Aussi, tous les deux ans, on jette sur les pâtures 250 kilogs de sulfate d'ammonium au printemps et l'année suivante 500 kilogs environ de superphosphate à l'hectare. De cette manière on obtient une herbe vigoureuse et d'un vert foncé.

Les prairies tondues tour à tour par les bovins et les chevaux contiennent peu de refus que l'on fauche d'ailleurs à l'automne. Bien qu'assez basses les pâtures ne

---

(1) **La vie agricole du Nord de la France sous l'ancien régime** (Baron de Calonne).

contiennent pas de joncs et un échardonnage très suivi, pratiqué surtout à l'approche des pluies fait disparaître entièrement les chardons. On pense en effet dans la région qu'une goutte de pluie tombant sur une tige de chardon fraîchement coupée et s'introduisant dans le cylindre central la fait dépérir sûrement.

Au printemps, on passe sur les pâtures avec une herse afin d'aérer un peu le sol et d'étendre les taupinières qui sont rares à cause de la chasse constante que l'on fait aux taupes. Les bouses sont étendues de temps en temps à la fourche. Les prairies sont limitées par des fossés ou une haie tendue de fils de fer.

Un hectare environ de pâtures a été planté il y a cinq ans de quatre rangées de dix arbres chacune. Ces arbres sont des pommiers, des poiriers ou des cerisiers. Un immense noyer garnissait déjà le centre de cette prairie.

On a ainsi des fruits suffisants pour toute l'année et même en années favorables, on peut en vendre un peu malgré le jeune âge de la plantation.

Mais au mois de septembre et jusqu'à la récolte, les animaux doivent être placés dans les autres herbages, car ils cassent les branches les plus basses des arbres.

D'ailleurs à ce moment le soleil n'est plus trop vif ; et les saules nains ou « têtards » bordant les watergands sont suffisants pour abriter les animaux.

Afin d'empêcher le vent de trop secouer la jeune plantation et de faire tomber les fruits avant maturité, on a eu soin de laisser la haie s'élever jusqu'à 2 m. 50 et même 3 mètres de hauteur du côté de l'Ouest et du Nord et de la palisser au moyen de quelques fils de fer.

CONCLUSION

Dans une exploitation agricole des Flandres comme celle décrite ci-dessus, plus que dans toute autre, il y a deux lois qu'il faut observer très strictement.

Ce sont: la loi de restitution et celle de la répartition des travaux.

La loi de restitution est obligatoire dans toutes les terres cultivées sans interruption, mais surtout dans les Flandres, où, à cause du prix élevé du terrain et du capital d'exploitation il faut avoir de forts rendements en compensation et rendre chaque année au sol sa richesse, affaiblie par l'exploitation de la culture précédente en apportant une quantité d'éléments égale à celle qui a été enlevée.

Cependant si la terre retrouve sa richesse, elle est parfois moins féconde, car les engrais fournis ne sont pas toujours immédiatement aussi assimilables et aussi bien répartis que les substances enlevées.

Il faut par suite épandre une dose d'éléments fertilisants supérieure à celle qui a été exportée.

Quant à la répartition des travaux, il est certain que par suite du petit nombre d'attelages et d'ouvriers on doit combiner les cultures de façon qu'il n'y ait pas de saisons absolument mortes, que les terres soient toujours propres et qu'il n'y ait pas de période où le cultivateur soit débordé.

C'est l'assolement qui répartit les travaux de la ferme et permet d'occuper le personnel toute l'année.

Prélèvement annuel par les Cultures

Récoltes	Étendue en hectares		Rendement en kilogs		Azote		Acide Phosphorique		Potasse		Chaux	
			par Ha	Total	teneur o/ooo	total enlevé	teneur o/ooo	total enlevé	teneur o/ooo	total enlevé	teneur o/ooo	total enlevé
BETTERAVES sucrières	6		30.000	180.000	4,4	252	0,8	144	2,3	414	0,6	108
BLÉ	6	paille	3.600	21.600	20,3	438,48	7,9	170,64	5,3	112,22	0,5	10,80
		paille	4800	28.800	4,8	138,24	2,2	63,36	6,3	171,44	2,7	77,76
AVOINE	6	grain	3.590	7.000	17,6	123,20	6,5	45,50	5,0	35;00	1,0	7,
		paille	4.000	8.000	5,6	44,80	2,3	18,40	13,30	106,40	4,3	34,40
LIN	6	grain	600	600	32,8	19,68	13,5	8,10	10,0	6,00	2,6	4,56
		grain	6.400	6.400	4,8	30,72	4,2	25,88	9,7	62,08	6,9	44,16
TRÉFLE violet	0,50		9.000	4.500	19,7	88,65	5,6	25.20	18,6	83,70	20,1	90,45
						1135,77		502,08		1000,94		374,13

RESTITUTION

Le principe de la restitution, fondamental en agriculture peut être sujet à des contestations sur la façon de l'exécuter ou sur l'abondance des éléments à apporter, mais personne n'ignore qu'elle s'impose et qu'il n'y a point de culture rémunératrice sans son secours. Son importance et ses avantages semblent même être exagérés par certains exploitants du Nord de la France et nous ne serions pas surpris qu'on trouvât disproportionné l'apport qui est fait dans l'exploitation. Nous rappellerons à ce sujet que le sol doit être approvisionné de tous les éléments fertilisants et que c'est le principe nutritif qui existe en moindre proportion dans la terre qui influe particulièrement sur la production. Les engrais sont employés en proportion telle que l'élévation des rendements est seule prise pour règle de leur application. Une condition particulière explique et justifie cette espèce d'exagération de fertilisation, c'est l'état hygrométrique du sol qui doit rendre l'absorption plus active. Il convient peut être en effet, en raison de l'abondance des eaux du sol de maintenir la solution alimentaire des plantes dans un certain degré de concentration pour obtenir des rendements élevés ; le fait paraît normal et conforme aux lois de la physiologie végétale.

Le tableau ci-contre fait ressortir les éléments fertilisants prélevés annuellement par les cultures.

Si nous comptons que l'azote prélevé par le foin de trèfle est emprunté pour les 3/4 environ à l'atmosphère, et que lors du défrichement cette plante abandonne des débris aériens et souterrains contenant environ 120 kilogs d'azote à l'hectare ce qui multiplié par 3/4 donne un enrichissement net de 90 kilogs à l'hectare, il faudrait réduire la quantité d'azote exprimée plus haut de 45 kilogs.

Mais nous ne tiendrons pas compte de cette quantité d'azote qui remplacera les pertes causées par les eaux de drainage pendant la durée de l'assolement.

En sorte que l'exportation réelle faite par les cultures est annuellement de :

Azote	1135 kgs
Acide phosphorique	502 kgs
Potasse	1000 kgs
Chaux	374 kgs

quantités qu'il conviendrait de restituer au sol pour conserver sa fertilité.

Nous disposons pour cela :

1° de ressources tirées du domaine : le fumier ;

2° de produits venant de l'extérieur et constitués soit d'engrais organiques comme le tourteau, soit d'engrais chimiques comme le nitrate de soude, le sulfate d'ammoniaque, le superphosphate et depuis cette année d'engrais complets Novo et Auby.

FUMIER

De tout temps, on a considéré le fumier de ferme comme le meilleur engrais et l'engouement pour les engrais chimiques à la fin du siècle dernier et au début du nôtre, ne fut que passager ; on s'aperçut bientôt de l'erreur commise, car il faut fournir à la terre des substances organiques capables de constituer l'humus, dont la présence est absolument indispensable dans la couche arable. D'autre part, le fumier a une action bienfaisante sur les propriétés physiques du sol dont il corrige les défauts. Le fumier est donc l'engrais de ferme véritable, mais ainsi qu'il sera facile de s'en rendre compte, nous n'en produisons qu'une quantité très insuffisante.

Aussi chaque année s'est-on arrangé pour obtenir le fumier produit par les chevaux de halage dont il existe une écurie bien aménagée le long de l'Aa, à environ 1 kilomètre de la ferme. Ce fumier, très riche, se compose en effet de beaucoup plus d'excréments que de paille, car cette marchandise coûte trop cher. Nous ne lui donnerons cependant pas une valeur plus forte car à la ferme, on donne énormément de paille et il y aura ainsi compensation dans la valeur moyenne du fumier employé.

Pour évaluer la quantité de fumier produite, nous adopterons les chiffres communément acceptés pour les diverses catégories d'animaux :

2 juments × 10 tonnes = ...	20 tonnes
2 vaches laitières × 12 tonnes = ...	24 »
1 génisse	7 »
2 élèves × 3 = ...	6 »
Porcs et divers	2 »

Ce qui fait 59 tonnes produites à la ferme. Il faudra ajouter environ 50 tonnes de fumier provenant de l'extérieur soit en tout 110 tonnes de fumier à utiliser par an ce qui permet l'apport de 35 tonnes de fumier à l'hectare sur 3 hectares de première sole. Les 3 autres hectares reçoivent du tourteau à la dose de 1.000 kilogs.

En admettant pour le fumier la composition ordinaire,

Azote	0,50 %
Acide phosphorique	0,26 %
Potasse	0,53 %

Et pour le tourteau :

Azote	5,2 %
Acide phosphorique	1,8 %
Potasse	1,2 %

On apporte ainsi :

Fumier

Azote	110 tonnes × 0,50 =	550
Acide phosphorique	110 tonnes × 0,26 =	286
Potasse	110 tonnes × 0,53 =	583

Tourteau

Azote	5,2 × 10,00 = 52 × 3 = 156
Acide phosphorique	1,8 × 10,00 = 18 × 3 = 54
Potasse	1,2 × 10,00 = 12 × 3 = 36

Totaux

Azote	550 + 156 = 706
Acide phosphorique ..	286 + 54 = 340
Potasse	583 + 36 = 619

Par les engrais chimiques nous rendons :

1° Azote

Betteraves : 200 kgs de sulfate d'ammoniaque et 200 kgs de nitrate par Ha, soit pour 3 Ha 214,80

300 kgs de sulfate d'ammoniaque et 200 kgs de nitrate, soit pour 3 autres Ha 277,20

Blé : 200 kgs de nitrate sur 4 Ha, soit 120,

200 kgs de nitrate sur 2 Ha avec 150 de sulfate d'ammoniaque, soit 120,

Avoine : 200 kgs de sulfate d'ammoniaque et 100 de nitrate sur 2 Ha, soit 112,

Lin : 150 kgs de sulfate d'ammoniaque et 100 de nitrate, soit .... 45.

899,00

Ceci nous donne une restitution totale de :

889 + 706 = 1.595 kgs d'azote

d'où un enrichissement de

1.595 — 1.135 = 460 kgs

2° Acide phosphorique

Betteraves :	700 kgs de superphosphate sur 3 Ha 292 kgs et 500 sur 3 Ha aussi 210	»
Blé :	300 kgs de superphosphate sur 2 Ha 84	»
Avoine :	400 kgs de superphosphate sur 2 Ha 112	»
Lin :	500 kgs de superphosphate, soit 70	»

768 kgs

d'où un apport total de

$$340 + 768 = 1.108 \text{ kgs d'acide phosphorique}$$

et un enrichissement de

$$1.108 - 502 = 606 \text{ kgs}$$

3° Potasse

L'engrais potassique n'étant pas employé, on ne peut compter que l'enrichissement par les engrais organiques soit : 619 kilogs.

Or l'exportation par les récoltes est énorme et le sol ne contient pas l'élément en quantité suffisante. Il s'ensuit donc que c'est principalement sur ce point que devront porter les efforts du cultivateur s'il veut obtenir des récoltes toujours aussi bonnes ou même meilleures.

La perte par an est environ de 381 kilogs.

En résumé, on peut affirmer que l'avance en azote est suffisante, trop forte en acide phosphorique et beaucoup trop faible en potasse. La dépense supplémentaire faite pour l'acide phosphorique pourrait permettre l'achat de quelques quintaux d'engrais potassiques.

Répartition des travaux

Dans un assolement bien ordonné, il faut que tous les travaux soient répartis tout le long de l'année afin de fournir de l'occupation au personnel et aux attelages sans les surcharger.

On peut dire qu'ici la rotation donne satisfaction à cette loi de la culture.

Ainsi en janvier et février nous avons les derniers

semis de blé, ainsi que les labours pour l'avoine, le lin et la betterave lorsque le temps le permet.

Dans la première quinzaine de mars on donne les dernières façons pour l'avoine et on sème. C'est ensuite au tour du lin à être semé à la fin de mars ou au début d'avril. Pendant que l'attelage travaille le sol, deux personnes commencent le binage du blé et de l'avoine.

Pendant le mois d'avril, on sème les betteraves et on continue les binages des céréales et ensuite des plantes sarclées jusqu'à la mi-juin. Il faut alors faner et rentrer le foin. A ce moment arrive l'arrachage du lin, mais le personnel ne fait que lier et mettre en meules. Il faut ensuite donner le dernier sarclage aux betteraves, couper et rentrer le foin de rives et la moisson arrive. Après la moisson on rentre les céréales, transporte le grain après le battage ainsi que la paille en supplément et la récolte de lin si cela n'est pas encore fait ; on coupe le trèfle pour la seconde fois et on déchaume. Alors arrivent le transport des betteraves et les premiers labours en vue des semailles de blé.

De cette façon à aucun moment il n'y a de temps perdu dans l'année, tout au moins pour le personnel, car pour les chevaux, l'époque des binages et sarclages est généralement le moment du pâturage qui dure jusqu'à la moisson, si l'on excepte le fauchage du trèfle, ainsi que la rentrée du foin et le transport du lin dans les champs. Il est vrai que pendant le mois de mai une des deux juments met souvent au monde un poulain qu'elle a le temps d'allaiter pendant trois mois sans interruption pour ainsi dire.

Donc le système de culture employé dans la ferme est parfaitement à sa place et il répond très bien aux conditions de milieu et à la direction qui lui est imprimée. Quant à l'application de ce système cultural, elle est en général bien faite. mais comme il a été dit plus haut, il faudrait que l'on reconnaisse que la potasse est un élément aussi indispensable que l'acide phosphorique et l'azote.

Troisième Partie

Du Bétail

CHAPITRE PREMIER

LES CHEVAUX

Les chevaux ont toujours été les seuls animaux utilisés dans les Flandres pour le travail de la terre. En effet, les bœufs ne sont économiques que dans les grandes fermes placées au centre de leurs terres, et assez près des stations de chemin de fer. De plus, le travail dans nos petites pièces où sans cesse il faut tourner la charrue ou la herse, demande un animal assez vif pour ne pas perdre trop de temps. Pour cette dernière raison, aussi on n'utilisera pas le gros cheval de trait Brabançon, ni même le cheval de Bourbourg, croisement du précédent avec le cheval Boulonnais. On n'a pas besoin, d'ailleurs, de chevaux très lourds, des « coffres à avoine », car le sol est très léger, et en bien des endroits le labour pour le blé ou l'avoine se fait avec un seul cheval.

C'est donc un cheval vif de format moyen qui puisse parfois être attelé à la voiture pour aller au marché, que l'on cherchera. La race boulonnaise, dont le berceau est rapproché des Flandres, nous fournira le type de l'animal souhaité.

Achat et vente

Bien que l'on fasse de l'élevage dans la ferme, on préfère acheter des chevaux qui sont dressés pour renouveler l'écurie. La ferme manque, en effet, de place pour garder pendant deux hivers un poulain de six ou dix huit mois, et ensuite, après le dressage, on ne pourrait encore soumettre à tous les travaux le jeune animal, sous peine de le déprécier s'il doit traîner une charge trop lourde. De plus, le poulain isolé s'ennuie et profite moins bien. C'est donc vers 5 à 6 ans, c'est-à-dire en pleine force que l'on achètera les chevaux.

L'achat se fait généralement dans les ventes de fin de bail ou dans les fermes plus importantes placées sur le bord du pays des Wateringues, dans le « haut pays ».

Le prix de l'animal est évidemment plus élevé à cet âge et il atteint souvent 6.000 fr., mais c'est à ce moment qu'il est le plus intéressant de l'acquérir, car il est dressé, en pleine force et apte à la spéculation que l'on suit dans la ferme.

Dans l'achat, on recherchera la jument à l'œil vif, aux membres forts et bien formés, une poitrine ample, l'encolure courte, la croupe large souvent double, et aussi de bons pieds, ce qui n'existe pas toujours dans la race boulonnaise.

On s'informera aussi du caractère de l'animal, car si on veut un animal vif, il n'en faut pas moins qu'il soit « brave » et pas trop susceptible.

Les juments sont revendues vers l'âge de 12 à 14 ans, alors qu'elles sont encore aptes à un travail constant et assez fort pour le prix de 2.500 à 3.000 francs. Au-delà de cet âge les animaux deviennent, en effet, moins vifs et l'allure du travail ralentit assez sensiblement.

Régime

L'alimentation des chevaux doit être surveillée avec soin, car ces animaux ont besoin d'une nourriture saine, substantielle et constante, afin de pouvoir exiger d'eux un travail régulier, et on peut dire que le rendement des chevaux est en raison directe de la nourriture qu'on leur distribue. Aussi, en période de durs labeurs, les chevaux seront nourris en conséquence.

Voici la ration donnée ordinairement :

Avoine	8 kgs
Foin de trèfle	7 kgs 500
Paille	10 kgs

L'avoine est aplatie car elle est mieux assimilée et par suite profite mieux.

Au mois de mars, on augmente la quantité d'avoine de 1 kg ainsi que pendant la moisson.

Quand les travaux des champs sont terminés c'est-à-dire en mai, on met les chevaux en pâture, ainsi que pendant la moisson après le repas du soir et le dimanche. Ce régime dure environ jusqu'au 15 septembre. La mise des chevaux en pâture est très économique, car jusqu'à environ une semaine avant la moisson, ils ne reçoivent aucune nourriture ; il faut, en outre, moins de main-d'œuvre ; les chevaux sont moins ennuyés par les mouches, et enfin, on a des prairies débarrassées des refus des bovins. En plein hiver, lorsque les jours sont très courts et les travaux peu pénibles, on ne donne plus que 6 kgs d'avoine, 1 kg de paille mélassée et 5 kgs de foin (du foin de rives la plupart du temps) avec 10 à 15 kgs de paille.

La litière n'est pas épargnée, car l'on cherche à produire le plus de fumier possible, et à absorber une grande quantité d'urine qui sans cela va se perdre dans la prairie.

La ferrure est faite au village de Saint-Folquin où sont établis deux maréchaux.

Le vétérinaire vient très peu pour les animaux, sauf lors d'un achat afin de constater si le cheval a ou n'a pas les aptitudes requises.

Elevage

Il y a dans l'exploitation deux juments poulinières qui sont livrées à la reproduction chacune à leur tour. Pour les raisons indiquées plus haut, on vend les poulains vers six mois au prix de 2.000 à 2.500 francs au marché de Bourbourg ou aux marchands qui passent dans la région.

La saillie des juments a lieu ordinairement vers fin avril ou commencement de mai, afin qu'elles poulinent en avril (340 jours de gestation) de façon qu'elles puissent être mises en pâture huit ou dix jours après la mise bas si le temps le permet. Il ne faut pas oublier que la jument doit recevoir une alimentation favorable à la lactation, et que le régime de l'herbage est celui qui convient le mieux à la mère et au petit. Ainsi, au fur et à mesure que le poulain grandit, il broute quelques brins d'herbe, s'accoutume progressivement à une autre nourriture que le lait et se prépare insensiblement au sevrage.

De plus, il a beaucoup d'espace et gambadé à son aise, ce qui est favorable à son développement.

Ls juments sont saillies par un étalon Boulonnais aussi pur que possible, appartenant généralement au dépôt de Haras de Bourbourg.

Le prix d'une saillie est de 70 francs.

Trois semaines avant le poulinage, on donne à la jument de l'avoine, un peu de graines de lin, une cueillerée de phosphate de chaux. Il semble que ce phosphate de chaux ne doit pas avoir beaucoup d'influence, d'abord parce qu'il est plus ou moins assimilable et qu'il est un peu tard pour faire cette addition à la ration.

Il vaudrait mieux faire entrer dans la ration une certaine quantité de graines de légumineuses, riches en phosphate de chaux. D'ailleurs ce n'est qu'après sa naissance que le poulain a surtout besoin de cette substance, car auparavant ses os sont encore sous la forme de cartilage. Aussi le mieux est-il d'avoir une herbe riche en matières phosphatées.

Surtout ne pas donner trop de foin. Ne pas exagérer non plus le travail de la jument mais lui en donner constamment car c'est toujours en rentrant à l'écurie que le poulinage se fait le plus facilement.

Dix jours après la mise bas, on commence à séparer le poulain de sa mère mais très peu, et on peut dire que pendant trois mois, la poulinière reste en pâture avec son produit. Un mois après, toutes les nuits sont passées dehors si le temps le permet, et le poulain acquiert à ce régime une vigueur et une constitution à toute épreuve.

Le sevrage s'opère graduellement et le jeune sujet est déjà séparé presque complètement de sa mère pendant le jour; enfin un mois plus tard, il est sevré tout à fait et déjà habitué à manger un peu d'avoine aplatie; il en reçoit alors 1 kg à 1 kg 500 par jour jusqu'à sa vente.

Après la mise bas, la jument reçoit de l'avoine, du son, de l'orge le tout en barbottages.

L'élevage, ainsi qu'il est pratiqué dans le pays des Wateringues, semble assez rationnel. Il y a bien quelques risques dans le poulinage, mais la vente des produits est d'un rapport très intéressant et procure un amortissement plus réduit des animaux de travail.

Il semble cependant que le sevrage a lieu un peu tôt, mais les agriculturs ne gardant pas le poulain préfèrent avoir un jeune moins développé, pouvoir se servir de leur attelage au moment où ils en ont besoin et avoir une jument en bon état lors des charrois de betteraves ou de chicorées.

CHAPITRE DEUXIÈME

VACHES LAITIÈRES

Il y a, dans la ferme, deux vaches laitières qui produisent le lait nécessaire ainsi que le beurre. Le surplus est vendu sous forme de lait ou de beurre dans le village ou au marché de Bourbourg.

Ces vaches sont très bien soignées, car on ne recherche que la qualité du lait et la valeur des sujets.

La race est évidemment la race flamande pure, car on se trouve à 20 kilomètres à peine de Bergues et 30 de Cassel, les 2 centres producteurs de cette race. D'ailleurs la vacherie de M. Wirquin, Vice-Président du Herd-Book flamand, et éleveur de taureaux de grande valeur se trouve à Saint-Folquin même.

La vache flamande est une bonne laitière et une bonne beurrière. Elle répond donc à la demande de notre exploitation.

Achat

Les vaches sont généralement achetées dans la région à l'état de génisses pleines. De cette façon, on connaît l'origine des animaux, mais parfois on préfère aller à la foire de Bergues et se procurer des génisses de belle race, provenant de bêtes sélectionnées qu'il faut évidemment payer cher, mais on a ainsi plus de certitude sur la production de l'animal acheté.

On recherche surtout chez la génisse les caractères de santé, tels que les yeux vifs, le mufle humide, mais on n'attache aucune importance aux petites taches blanches qui peuvent exister au ventre, au pis et sur les flancs et qui font déprécier l'animal parce que cela n'est pas conforme au Herd-Book. La largeur de la poitrine, l'ampleur et la bonne conformation du pis, la rectitude du dos, l'écartement des hanches et la force des membres sont également appréciés. On aime aussi la côte large et plate, le jarret bien droit et large, très large, ce qui est l'indice d'une bête très « grossissante ». La peau doit être fine couverte de poils fins, c'est à l'endroit de la dernière côte que ce caractère s'apprécie le mieux. On se renseigne aussi sur l'âge de la bête et l'époque probable.de la mise bas.

Une bonne génisse pleine vaut actuellement 2.500 fr.

Spéculation

Le premier vélage a lieu peu de temps après l'arrivée à la ferme, puis deux mois après si la quantité de lait donnée jusque là est jugée suffisante, on la fait saillir à nouveau par le taureau d'un fermier voisin. Le prix de la saillie est de 20 francs.

Si la vache ne prend pas veau, elle est vendue peu de temps après que ses mamelles sont taries. On transforme alors dans les 3 ou 4 derniers mois de la lactation la ration de production en ration d'engraissement par l'addition d'hydrates de carbone. Un engraissement prématuré pourrait réduire la production, mais surtout augmenterait la dépense alimentaire.

La vache qui ne donne pas assez de lait la première année est vendue pleine avant le second vélage et remplacée par une génisse. Les vaches produisant une quantité de lait satisfaisante sont gardées jusqu'au cinquième et même sixième veau. On les vend alors pleines à un prix plus élevé qu'à la boucherie.

Régime des vaches laitières

De la bonne nourriture donnée aux vaches dépend la bonne production laitière ; aussi, on ne négligera rien à ce sujet.

L'animal qui transforme ses aliments soit en lait, soit en viande, doit recevoir une nourriture suffisante pour son entretien personnel et le but auquel on le destine : production du lait ou de la viande. Il faut, en outre, assurer la croissance convenable du foetus.

1° Le régime d'été dure de la fin d'avril à la mi-octobre. Les animaux sont mis au pâturage. On donne très rarement un supplément, car les prairies sont toujours assez humides pour permettre la pousse de l'herbe ; de plus, elles ne sont pas très chargées en bétail.

2° Le régime d'hiver comprend surtout de la pulpe à la dose de 50 kilos environ, 3 kilos de tourteau de lin, 5 kilos de foin de rives et 10 à 15 kilos de paille. Il est rare que les vaches reçoivent du foin de trèfle. On préfère le remplacer par 3 kilos de son mouillé pendant la période de pleine lactation.

Si une des vaches laitières ne donnait pas de lait en hiver, on réduirait la ration de 10 kilos de pulpes et on supprimerait le tourteau. La ration apporte donc :

	Matières azotées	Valeur amidon
50 kilos de pulpes	250	3250
3 k. tourteau lin	864	2154
5 k. foin	25	945
7 k. paille avoine	91	1196
	1230	7545

Une vache de 600 kilogs demande pour son entretien

360 grammes de matières azotées
2 k. 100 de valeur amidon

et pour produire 11 litres de lait

770 grammes de matières azotées
3 k. 300 de valeur amidon

soit au total

1.130 grammes de matières azotées
5.400 grammes de valeur amidon

La ration est donc très suffisante pour la production, mais le fœtus vit aux dépens de la matière azotée ingérée par la mère, et il faut compter environ 1/7 de la ration d'entretien de la mère, soit 45 grammes. Ceci porte à 1.175 les exigences en matière azotée.

La ration bien que suffisante est mal équilibrée, car la valeur amidon est trop forte. Il est vrai que les 7 kgs de paille ne sont pas absorbés et on n'en comptera que 3 kgs. La ration sera donc de 1.178 grammes de matière azotée et 6.865 de valeur amidon.

La traite se fait deux fois par jour, le matin et le soir, sauf pour les vaches fraîchement vêlées, qui sont traites 3 fois. La traite est faite à fond et avec le plus grand soin. Le lait est écrémé de suite après la traite.

Elevage

Aussitôt après le vélage, le veau reçoit une poignée de sel afin de l'obliger à mâchonner et à déglutir de la salive, il respire mieux ainsi. La mère reçoit un barbottage de son tiède afin de calmer la fièvre et de lui donner des forces.

On a soin de ne traire la vache que deux ou trois heures après le vélage, afin d'éviter la fièvre de lait et on tirera seulement de quoi donner à boire au nouveau-né. Si la vache a perdu un peu de son premier lait, un ou deux jours avant la mise bas, on administrera un peu plus de sel au veau ou mieux de l'huile de ricin afin de le débarrasser des impuretés qui sont dans le tube digestif.

Durant les huit premiers jours de son existence, le veau reçoit du lait pur à raison de 6 à 8 litres par jour donnés en trois fois. A cet âge on vend les veaux mâles à un prix variant de 300 à 400 francs selon leur état, ainsi que les génisses mal conformées. Les femelles gardées reçoivent encore régulièrement pendant trois semaines du lait pur, puis on remplace peu à peu le lait pur par du lait écrémé auquel on ajoute de la fécule ou de la farine de manioc. On arrive ainsi à donner

14 litres environ de lait écrémé à six semaines et ensuite on continue à servir ce volume de liquide tout en accroissant le poids des farines jusqu'à deux mois. Alors si le temps le permet, le veau est mis dans la prairie où il commence à brouter l'herbe. Il reçoit encore deux fois par jour 6 litres de lait écrémé avec de la farine et un peu de tourteau.

En hiver, le veau prend du petit lait avec des farines de légumineuses, grains concassés et des betteraves ou rutabagas bien divisés. Ces derniers, riches en phosphates, sont précieux pour l'alimentation.

Puis vers le 4ᵉ mois a lieu le sevrage.

A partir de 6 mois les jeunes reçoivent 12 à 15 kilos de racines, 2 kilos d'avoine concassée, 3 kilos de foin et de la paille à volonté. A partir d'un an, on donne 20 kilos de racines, 3 kilos d'avoine concassée, 3 kilos de foin et de la paille.

Aux jeunes animaux on ne donne presque pas de pulpes. Quelques ares de betteraves fourragères ou les rutabagas remplaçant les lignes manquantes leur sont réservés.

Les génisses, arrivées à l'âge de 18 à 20 mois, sont saillies et vendues le plus tôt possible si on ne les juge pas assez bonnes pour remplacer les laitières, ou si celles-ci donnent encore satisfaction au point de vue du rendement. Leur prix de vente dépasse souvent 2.500 fr. et ne descend guère au-dessous de 2.300 fr.

Fabrication du beurre

Les vaches atteignent de gros rendements en lait, et on leur demande de donner 10 à 12 litres de moyenne annuelle. On obtient assez souvent cette dernière moyenne (12 litres) vers la 6ᵉ ou la 7ᵉ année. Ce rendement assez élevé s'explique par le choix des bêtes, leur élevage bien compris, la surveillance dont elles sont l'objet et la nourriture appropriée à leurs besoins qu'elles reçoivent. Le lait sert en grande partie à la fabrication du beurre. Aussitôt la traite effectuée, on procède à l'écrémage. Le lait a sensiblement encore la température du corps de l'animal, et l'écrémage a lieu dans de bien meilleures conditions, car on sait que le lait doit être travaillé à une température se rapprochant le plus possible de 30°.

L'écrémage se fait à l'aide d'une écrémeuse centrifuge. On obtient à peu près 98 % de la crème totale contenue dans le lait.

La crème est mise dans un grand pot ou jarre pour lui permettre de s'acidifier. Si nous barattions notre crème aussitôt l'écrémage, nous n'obtiendrions qu'un beurre doux simplement franc de goût, mais sans bouquet et sans finesse.

Pour que le beurre prenne ce goût de noisette si recherché, il est indispensable que la crème fermente. C'est de la maturation que dépendent avant tout les qualités des produits; cette phase du traitement a pour effet la mise en liberté des acides gras volatils qui donnent au beurre son arôme propre.

Pour aider l'acidification, on garde un verre de vieille crème mûre que l'on mélange à la crème fraîche.

La crème étant arrivée à maturité, c'est-à-dire à un degré d'acidité suffisant, on baratte.

Le barattage se fait à la température de 14 à 16° et dure 30 à 40 minutes. Le beurre est alors mis à tremper dans de l'eau afin de subir déjà un premier lavage.

Après le délaitage du beurre, le malaxage a lieu afin d'éliminer les dernières traces de babeurre et l'eau de lavage. Il s'effectue toujours à la main.

Durant toute la fabrication une grande propreté est exigée, car de là découlent en partie la bonne qualité et la conservation du produit.

On compte en général que 22 litres de lait peuvent fournir un kilog de beurre.

Le lait écrémé et le babeurre servent à l'élevage des veaux et à l'engraissement de deux ou trois porcs.

CHAPITRE TROISIEME

Basse-Cour

Dans la basse-cour de la ferme on trouve quelques porcs, des poules, des canards et des lapins.

LES PORCS

Pour utiliser les déchets de laiterie, on achète deux ou trois porcelets à l'âge de 2 mois environ dans les fermes des alentours et on les élèves avec de la mouture d'orge, du son, un peu de tourteau et du maïs concassé.

Après 7 à 9 mois on a des porcs pesant 95 à 100 kgs que l'on vend au charcutier du village ou que l'on tue à la ferme pour en conserver la moitié dans le saloir tandis que le reste est vendu.

On a ainsi une nourriture saine et toujours prête, ce qui est nécessaire dans un village.

LES POULES

Les poules occupent une place importante dans la ferme. Elles constituent un accessoire nécessaire dans toute exploitation agricole. Elles demandent des soins peu nombreux et utilisent une foule de produits sans valeur, qui seraient perdus sans cela.

L'effectif normal du poulailler comprend environ une centaine de poules qui produisent, outre les œufs, 350 poulets de février à septembre.

Les volailles servent aux besoins de la ferme, mais surtout à la production des œufs qui sont envoyés en Angleterre par l'intermédiaire de marchands de Calais passant chaque mardi dans le village.

Au printemps, une certaine quantité d'œufs est écoulée dans la région Lilloise ou en Belgique, où les aviculteurs sont nombreux. La race exploitée à la ferme est la race du pays, la race de Bourbourg. On pratique la sélection afin de n'avoir que des sujets de race pure répondant le plus possible au standard établi par la Société des Aviculteurs du Nord.

De cette façon, on peut satisfaire aux demandes qui sont la source de profits, soit en œufs, soit en poulettes, soit en coquelets. Les œufs vont plutôt en Belgique, tandis que Lille et la région minière réclament les jeunes produits.

La poule de Bourbourg peut être considérée comme volaille à deux fins. Sa chair est délicate et de bonne texture. C'est une bonne couveuse, précoce, élevant bien ses petits, aussi l'incubation se fait naturellement. On fait couver jusqu'en septembre afin d'avoir des poulets d'hiver qui se vendent très cher, à cause de la rareté du produit.

La Bourbourg cherche bien sa nourriture dans les herbages entourant la ferme, mais on donne aussi du maïs et un peu d'avoine en hiver, ainsi que des pâtées tièdes.

Les poules de plus de trois ans sont vendues sur le marché de Bourbourg, siège important de la vente des volailles.

LES CANARDS

Les innombrables fossés limitant les pâtures sont utilisés par les canards qui, au nombre de 50 environ, cherchent leur nourriture dans les eaux du fossé ou du canal voisin et ne rentrent à la ferme que pour prendre le grain nécessaire et pour passer la nuit s'ils ne couchent pas dans la prairie.

Ces canards sont vendus de juin à août pour les « tirs au canard » de la région, ou au marché.

Pour l'hiver on ne garde que cinq canes et un mâle, ainsi que quelques appelants (ou sauvages apprivoisés) auxquels il faut couper l'aile. Ces derniers animaux procurent pendant l'hiver le plaisir de tirer quelques beaux coups de fusil.

L'élevage des canards est d'un bon rapport, à cause de la proximité de l'eau et du grand parcours qui leur est donné.

Nous ne parlerons pas des lapins qui sont peu nombreux et ne font l'objet d'aucune spéculation. Ils alimentent la cuisine de la ferme.

Quatrième Partie

———

Modifications
du Système Cultural

———

Dans les chapitres qui précèdent nous avons essayé de montrer le milieu et l'exploitation d'un petit domaine en discutant parfois certains points, mais comme nous l'avons annoncé au début de ce travail, nous allons adjoindre à la ferme une sécherie de chicorée, pas trop importante, car il existe déjà 2 sécheries dans le village, il y aura donc une certaine concurrence et l'approvisionnement d'une grande sécherie serait difficile. C'est donc une sécherie à 4 feux pouvant traiter 16 tonnes de racines environ par jour qu'on peut envisager. Mieux vaut prolonger un peu la campagne et avoir la matière première nécessaire.

De plus, les capitaux engagés seront moindres.

Avant de traiter la culture de la chicorée et la préparation de la cossette, on donnera un court aperçu sur l'introduction de la culture de la chicorée dans la région.

La culture de la chicorée n'a pris d'extension vers le commencement du XIX° siècle, que par suite du blocus continental qui avait considérablement élevé le prix du café.

C'est aux environs de Valenciennes et de Cambrai, autour des fabriques de chicorée établies à Onnaing en 1801 par Giraud, que la culture prit un certain développement.

La chicorée s'étendit peu à peu surtout dans les bonnes terres, mais on la tenait pour une plante très épuisante et dans les Flandres, bien des baux la proscrivaient. Immédiatement avant la guerre, la situation avait peu changé et la région de Valenciennes, Saint-Amand, Flines-les-Raches, Cambrai, qui préfère actuellement produire la graine de betteraves, ne donnait pas moins de 5.000.000 de kgs de cossettes.

La guerre vint alors, la Belgique qui nous envoyait 4 à 5 millions de kgs de cossettes par an fut envahie, ainsi que la région de Valenciennes et Cambrai. La chicorée devenue rare prit une très grande valeur, et bien des agriculteurs, devant le bénéfice obtenu par cette culture, en produisirent quelques hectares. Dans les Flandres et dans la plaine maritime qui va de Dunkerque à Calais notamment, avec l'aide de la population belge qui avait fui devant les envahisseurs, les séchoirs s'installèrent avec rapidité pour travailler la grande quantité de racines de chicorée qui avait remplacé la betterave presque partout couvrant les pièces même les plus sableuses où elle venait d'ailleurs très bien.

Après la guerre, on continua la culture de la chicorée qui rapportait de gros bénéfices, mais on ensemença un peu plus de betteraves, cependant, car la cossette belge reprenait petit à petit sa place sur le marché. Ensuite la variation des cours qui, en une seule année, passèrent de 350 fr. à 200, puis à 70 fr. fit réduire énormément la superficie emblavée en chicorée dans le pays qui borde la ligne des dunes et une partie des wateringues. Cependant, les Flandres maritimes ont toujours gardé dans les cultures une grande place à la chicorée, source de meilleurs profits que la betterave pour le cultivateur.

La raison de cette vogue dans la région doit, d'ailleurs, se rapporter au sol.

En effet, on sait que la betterave aime les sols assez compacts, argilo-siliceux, les limons et les alluvions. Aussi, malgré la sélection d'une betterave appropriée au milieu, « la Pont-de-Pierre », était-il difficile d'avoir en

année ordinaire plus de 25 tonnes de betteraves sucriè-
res à l'hectare dans les parties les plus sableuses des
Flandres. En quelques endroits même, comme aux Huttes, à Oye, Marck, la betterave était remplacée par la
pomme de terre qui n'aime cependant pas les climats trop
humides et qui ne pouvait se conserver.

La chicorée, au contraire, veut des terres silico-argi-
leuses et les terrains légers bien irrigués sont re-
commandés, car l'arrachage y est plus facile. Or l'irrigation ne manque pas dans les Flandres, et la chicorée
y vient très bien, beaucoup mieux que la betterave, donnant des rendements moyens de 30 à 35 tonnes avec des
racines bien pivotantes et d'un lavage facile.

On peut encore donner comme raison de la préférence
accordée à la chicorée, le fait qu'elle demande un peu
moins d'engrais qu'une récolte de betteraves. Enfin
ajoutons que les propriétaires de sécheries auraient dû
continuer à cultiver la chicorée, même si la betterave
avait pu rapporter un peu plus de bénéfices afin de pouvoir alimenter leur usine ; les voisins, parfois par imita-
tion, lui ont également conservé une grande place dans
leurs emblavements. D'ailleurs cette culture rapporte parfois de très gros bénéfices, mais le prix de vente est très
instable, et il est bon de s'assurer du prix de vente par
des contrats, avant même de semer.

A cause du sol de l'exploitation, il semble préférable
dans beaucoup de pièces, de remplacer la betterave ar
la chicorée qui, d'ailleurs, entrait déjà dans l'ancien assolement. D'autre part, comme la ferme est placée au
centre de terrains sableux consacrés à la culture de la
chicorée, on y adjoindra une sécherie qui travaillera
en même temps les racines des alentours. Ainsi on expo-
sera tout d'abord la culture de la chicorée et on la fera
suivre des différentes opérations du séchage, dans l'exploitation.

CHAPITRE PREMIER

CULTURE DE LA CHICORÉE

La chicorée est une plante que la culture a transformée en plante bisannuelle. La première année on obtient une racine assez volumineuse, unie, pivotante, longue de 30 à 35 cm, pesant environ 800 grammes, la tige apparaît l'année suivante pour donner ses fleurs à la fin de l'été.

Place dans l'assolement

La chicorée, plante sarclée comme la betterave, demande aussi une grosse fumure et une préparation du sol soignée. Sa place en tête d'assolement est donc tout indiquée. La chicorée, venant directement après une légumineuse, devient fourchue et prend un trop grand développement, et il y a trop de production foliacée au détriment de la racine, seul point important de la culture. Tandis que la betterave prépare le sol pour la culture du blé, la chicorée laisserait, dit-on, dans la couche arable un produit nuisible pour la céréale suivante. Ainsi on a pu observer, l'an dernier, qu'une récolte d'avoine venant après chicorée, dans les terres de l'exploitation, n'a pas rapporté tout ce que l'on en attendait. Il semblerait que c'est sur le tallage que ce produit exercerait sa mauvaise influence, car le grain était beau et lourd. Il serait bon, sans aucun doute, de se rendre compte par quelques expériences si vraiment la chicorée a l'influence qu'on lui attribue, ce qui pourrait en faire réduire les emblavements en certains endroits.

On objecte encore que la chicorée laisse dans la terre, en année sèche surtout et lorsque l'arrachage est exécuté trop rapidement, des débris de racines qui repoussent et salissent le sol, mais ceci n'a que peu d'importance dans les Flandres où blé et avoine sont binés. La chicorée est un très bon précédent pour le lin, là encore les rejets ne sont pas bien redoutables, car le sarclage est presque constant.

L'adoption de la chicorée dans l'exploitation entraînera l'assolement suivant:

> Première sole : *Betteraves*, 1 hectare 65 ; — *Chicorée*, 4 hectares.
>
> Deuxième sole : *Blé*, 3 hectares 65 ; — *Chicorée*, 2 hectares.
>
> Troisième sole : *Avoine*, 2 hectares ; — *Trèfle*, 0 hectare 50 ; — *Blé*, 2 hectares 20 ; — *Lin*, 1 hectare.

Le changement consiste donc seulement dans le remplacement de la betterave par la chicorée. On conservera un peu de culture de betterave dans les terres les plus fortes où les bons rendements donnent assez souvent un bénéfice supérieur à celui de la chicorée. De plus, il faut une certaine quantité de pulpes pour les vaches et quelques ares de betteraves fourragères pour les élèves.

Préparation du sol

Comme pour la betterave on donnera 2 extirpages et un labour avant les façons superficielles pour le semis.

Le labour sera fait le plus tôt possible après les semailles du blé. Bien que la chicorée soit une plante pivotante, susceptible de s'enfoncer profondément dans le sol, on estime que le labour à 16 ou 18 cm est suffisant dans nos terres légères, car la chicorée prend une forme cylindrique sur une grande partie de cette profondeur, puis rencontrant une couche plus dure s'effile très vite en tronc de cône. Ceci permet un arrachage plus complet des racines et il ne reste dans le sol que l'extrême pointe de la chicorée qui ne fournit pas de rejet l'année suivante.

Il est assez important que le labour soit effectué avant les gelées qui pulvérisent le sol et le réduisent en cendres, ce qui est nécessaire pour la chicorée. On évite ainsi des façons aratoires répétées.

Au printemps, dès que la terre est en bon état d'humidité, on donne les façons superficielles en vue des prochaines semailles. Il faut chercher à obtenir un sol très meuble, mais rassis, afin que la levée soit régulière.

Le labour de printemps n'est pas à conseiller, car il aurait pour résultat de ramener à la surface une terre trop humide et mal aérée. L'humidité intérieure doit être conservée pour la végétation future. En général, on donne d'abord 2 scarifiages, puis un roulage et un hersage énergique. On sème alors les engrais chimiques; on scarifie à nouveau, on passe la herse et l'émotteuse étoilée, après quoi l'on roule, attendant le moment propice pour les semailles.

Engrais

La chicorée a été longtemps proscrite de certains baux à ferme des Flandres parce que trop épuisante: on disait assez communément qu'elle mangeait le terrain pour trois ans.

Mais cette opinion est exagérée comme l'ont reconnu Malpeaux et Garola.

Ce dernier estime en effet qu'une récolte de 35 tonnes de racines enlève au sol les quantités suivantes d'éléments fertilisants.

Azote	92 k. 5
Acide phosphorique	52 k. 5
Potasse	157 k.
Chaux	35 k.
Magnésie	24 k. 5

Comme on le voit, la demande n'est pas énorme et les quantités enlevées sont moins fortes que pour une récolte équivalente de betteraves.

Cependant Garola pense que la chicorée demande un sol enrichi et que la fumure de cette plante doit être au moins égale à celle de la betterave et ceci uniquement à cause de la grande activité formatrice que la chicorée déploie pendant deux mois de son existence absorbant 80 % de l'azote, 76, 5 % de l'acide phosphorique, 76, 4 % de la potasse et 92, 5 % de la chaux qui lui sont nécessaires.

De là nous pouvons déduire que l'on devra semer la chicorée dans des terres riches en humus, bien pourvues de « vieille graisse » et qu'à ces aliments organiques devront être ajoutées de fortes quantités d'engrais minéraux rapidement assimilables.

On emploiera environ 25 tonnes de fumier par hectare et on l'enfouira par le labour d'hiver. On recommande de ne pas passer la dose de 25 tonnes de fumier à l'hectare, car cet engrais en trop grande quantité donne à la racine un mauvais goût, la rend fourchue et favorise trop le développement des feuilles.

Le nitrate ne sera pas employé pour la chicorée, bien qu'il soit conseillé par Garola, Damseaux et Malpeaux. En effet, alors que dans le Cambrésis, premier lieu de culture de la chicorée en France, cet engrais azoté donne de très bons résultats à la dose de 300 kgs à l'Ha, on lui reproche dans les terres sablonneuses du pays des wateringues de pousser beaucoup trop à la formation des feuilles. Aussi est-il remplacé par le sulfate d'ammoniaque à raison de 250 à 300 kgs à l'Ha.

Le syndicat des fabricants de chicorée recommande d'ailleurs ce dernier engrais plutôt que le nitrate, ce qui voudrait dire que la racine acquiert, par suite de l'emploi du sulfate d'ammoniaque, des qualités avantageuses pour l'industriel.

Nous dirons enfin que des essais effectués aux environs de Lille sur de la chicorée ont laissé l'avantage au sulfate d'ammoniaque employé avant les semailles, ou moitié avant le semis et moitié au démariage. Si la terre nitrifiait mal on pourrait remplacer le sulfate d'ammoniaque par du nitrate au moment du démariage, mais ce n'est pas le cas ici.

Le superphosphate sera employé à la dose bien suffisante de 400 kgs et on ajoute 300 kgs de chlorure ou plutôt de sulfate de potassium, cet élément étant insuffisant dans le sol.

La fumure apporte :

	En azote	Acide phosphor.	En potasse
Fumier 25 t. × 2/5	50	26	53
Sulf. d'ammoniaque 250 kgs ..	51,25		
Superphosphate 400		56	
Sulf. de potassium 300 kgs ..			150
	101,25	82	203

Elle est donc suffisante et répond bien aux exigences de la plante dans un sol assez riche.

Lorsque par suite du manque de fumier, on emploiera le tourteau, on en mettra 600 kgs par hectare, avec 350 kgs de sulfate d'ammoniaque, 500 kgs de superphosphate et 300 kgs de sulfate de potassium.

Ces deux fumures ont, en outre, l'avantage d'offrir les éléments nutritifs sous une forme très assimilable, sauf pour le fumier qui n'exerce son influence que vers la fin de la végétation surtout s'il n'a pas été enfoui avant l'hiver.

Semence

La graine à employer sera propre, bien sèche, inodore et d'une teinte gris clair. L'essai de germination devra donner une proportion de 80 %.

La graine est achetée aux habitants mi-cultivateurs mi-pêcheurs du bord de la côte, dans le village des Huttes.

Ces habitants, par suite d'une sélection bien que rudimentaire, et sous l'influence du climat et du sol, ont obtenu une variété de chicorée tirée de la Magdebourg qui donne une racine grosse, longue, pivotante, convenant aux terrains légers et profonds. Cette variété très rustique et bien acclimatée est aussi très appréciée des sécheurs, car elle contient une grande quantité de matière sèche. Cette variété est appelée chicorée des Salines ou de Pont-de-Pierre.

La chicorée de Brunswick est un peu moins favorable au séchage, la « tête d'Anguille », qui est très recherchée est de culture plus délicate et d'arrachage plus difficile, on ne la trouve plus que dans les Flandres Belges. Les variétés « Panses de brochet » et de Silésie ne sont plus acceptées par les fabricants parce que donnant de mauvais résultats à la torréfaction, aussi les sécheurs ont décidé, pour ne pas voir refuser leur marchandise de ne plus recevoir ces variétés et les cultivateurs ont dû les rejeter, malgré le supplément de poids qu'elles donnaient.

On emploie généralement les graines de la dernière récolte, bien que la graine de chicorée conserve 5 ou 6 ans sa faculté germinative, parce qu'elles sont plus pleines et de germination plus sûre. Le prix du kilog de graines atteint actuellement 40 fr. à 45 fr. environ.

Le prix élevé de ces graines engage certains cultivateurs à produire eux-mêmes la semence dont ils auront besoin pour l'année suivante, mais la sélection et la culture sont moins soignées que par les habitants des Salines et on obtient en général plus de chicorées « montant à graines » dès la première année. Aussi préfère-t-on acheter sa semence.

Semis

Le semis est toujours fait en lignes au moyen de petits semoirs à 1 rang, à distribution forcée.

On emploie ce petit semoir de préférence au semoir à betteraves à 7 ou 8 rangs, par suite des petites dimensions de la graine et du peu de profondeur à laquelle elle doit être placée. En effet, il faut la mettre « le plus flot, possible », c'est-à-dire à 1 ou 2 centimètres au plus. La graine doit voir le soleil. De plus, avec la grosse machine, il faudrait employer plus de semence qui est chère et semer plus tard.

Le moment le plus favorable s'étend du 15 avril au 15 mai. En semant plus tôt, on risquerait de voir augmenter la proportion des chicorées montées, à racines ligneuses et nuisibles aux plantes environnantes.

Si l'on semait après le 15 mai, le premier développement de la plante pourrait être entravé par la sécheresse superficielle, ce qui diminuerait la force de résistance aux maladies et aux ennemis, réduirait les rendements et retarderait la récolte que l'on ne pourrait enlever avant la saison des pluies.

En retardant le semis, on empêche la montée ; sans doute le choix de la semence influe sur cet accident, mais ce sont surtout les changements brusques de température qui causent la montée en graines dès la première année. Aussi les gelées de printemps venant suspendre la végétation sont particulièrement à craindre. Le semis de la chicorée dans la première quinzaine de mai, coïncide avec une époque très avantageuse pour le cultivateur, car, outre que vers ce temps-là toutes les autres semailles ont déjà été faites et qu'il dispose ainsi de son temps, celles de la chicorée viennent pour le surplus lui procurer la faculté de remployer utilement tous les terrains où les autres levées ne semblent pas satisfaisantes.

L'écartement entre deux lignes de plantes est ordinairement de 30 centimètres. En Belgique on ne laisse que 20 centimètres, mais alors les binages surtout les derniers sont plus difficiles et détériorent trop le feuillage, cependant on obtient ainsi de plus forts rendements. La quantité de graines à employer à l'hectare est de 3 kilogs avec le petit semoir, il en faudrait 4 avec le semoir ordinaire et 7 dans le semis à la volée comme en Belgique.

Avec la graine de chicorée, on mélange souvent 200 grammes de graines de carottes demi-longues, surtout dans les champs environnant la ferme. Les produits obtenus sont très beaux et d'un grand arôme. On peut ainsi obtenir jusqu'à 800 kilogs de carottes en supplément de la récolte. Le seul inconvénient du mélange des semences de chicorée et de carottes est de retarder tant soit peu l'ouvrier chargé du démariage.

Après le semis, on se contente souvent du passage du rouleau de façon à mettre bien en contact la graine avec le sol et permettre ainsi une levée bien régulière.

Soins culturaux

La chicorée nécessite des soins assidus pendant toute sa végétation et elle donne lieu à des frais élevés.

La graine lève généralement 8 jours après le semis, et, dès qu'on distingue les lignes, on donne un premier binage à la main, puis 8 à 10 jours plus tard, avant le démariage, on binera une deuxième fois.

Après 3 semaines, quand la plante a développé sa quatrième feuille, on place les chicorées où, comme on dit dans le pays, « on tape dehors » au moyen de larges binettes. Le démarieur choisira parmi le paquet de plantes restées, la chicorée la plus forte.

Le plaçage se payait en 1926 — 70 à 75 francs par hectare. Le démariage qui a eu lieu 2 jours après le plaçage est exécuté à raison de 170 francs l'hectare.

Sur la ligne, on laisse à peu près le même intervalle que pour la betterave soit 25 centimètres environ.

Après le démariage, on cherche à assurer la plus grande propreté possible du terrain, par des binages, aussi longtemps que l'on peut circuler entre les plantes sans trop de dégâts. On finit par un sarclage à la mi-juillet qui enlève toutes les herbes non étouffées par les feuilles de chicorée.

On profite aussi de ce sarclage pour arracher les plan-

tes montées à graines et séparer les chicorées laissées
en double trop près l'une de l'autre lors du démariage
et qui par suite se gênent dans leur développement.

Récolte

Habituellement la récolte de la racine se place vers
le 15 du mois d'octobre.

Cependant, comme les séchoirs commencent à fonc-
tionner dès le 1ᵉʳ Octobre, les propriétaires donnent
une prime de 10 à 12 francs aux cultivateurs qui appor-
tent leurs racines avant cette date. D'ailleurs les sécheurs qui possèdent une exploitation ont soin d'arracher vers le 25 septembre 3 ou 4 mesures (43 ares)
de leur récolte afin d'inciter leurs voisins à les imiter.
De cette façon les ouvriers employés au séchage n'ont
pas à chômer. On enlève ainsi les chicorées jusqu'à la
fin de novembre, car plus tard les gelées et les pluies
rendent l'arrachage, ainsi que les charrois, très pénibles.

L'arrachage se fait à la main comme pour la betterave
au moyen de fourches, ou de bêches à lames étroites appelés « louchets ». L'emploi de la bêche a l'inconvénient
de casser trop facilement la racine au point d'appui choisi pour la soulever, laissant en terre des fragments qui
diminueront le poids de la récolte et saliront de leurs
rejets la culture suivante. La chicorée se brise en effet
plus facilement que la betterave. Le décolletage a lieu
immédiatement après l'arrachage. Il n'est pas besoin ici
de couper le collet, il suffit de faire tomber les feuilles.
L'arracheur doit pour cela bien étendre les racines sur
le sol en ramenant d'un mouvement brusque de la main
toutes les feuilles en arrière ; en effet, les petites feuilles
mortes qui retombent sur la racine si l'on n'y prend
garde, y restent attachées et sont assez gênantes dans le
découpage en cossettes à la sécherie, car il n'y a pas
d'épailleur comme dans les établissements importants de
sucrerie.

Le prix demandé pour l'arrachage, le décolletage et
la mise en tas est de 500 francs comme pour la bette-

rave. Le chargement est fait au fur et à mesure de l'arrachage on évite ainsi la perte du latex amer contenu dans les vaisseaux de la chicorée et qui s'écoule par la blessure du collet.

Le rendement d'un hectare atteint en moyenne 35 tonnes. On arrive aussi à 40 tonnes, mais dans des terres bien soulevées et riches en débris organiques.

Les racines sont vendues à la sécherie à raison de 170 ou 180 francs la tonne selon les sécheries et le moment du contrat. Quant aux feuilles, elles sont enfouies par le labour précédant le blé, sauf une très petite quantité qui est donnée aux bovins. Ces feuilles ont des propriétés laxatives assez fortes, aussi bien qu'excitant la production laitière, on ne pourra en donner une trop grande quantité, d'autant plus qu'elles ont l'inconvénient de communiquer au lait et au beurre une saveur amère. On pourrait encore les mélanger aux pulpes ou à d'autres fourrages car elles agissent comme toniques et rendent les animaux moins sensibles aux maladies cutanées, mais cela ne se fait pas dans la région de Saint-Folquin.

Accidents — Maladies — Ennemis

Parmi les accidents qui surviennent dans la culture de la chicorée, le plus important et le plus fréquent est la montée à graines dès la première année.

Il ne faut pas oublier en effet que l'on est ici en présence d'une variation utile, obtenue et fixée par la sélection et on peut dès lors s'attendre à des déviations, à des retours au type sauvage.

Chaque fois qu'il se produira pour une cause quelconque, une interruption dans la croissance, nous pourrons constater que la chicorée aura tendance à revenir au type primitif, c'est-à-dire à donner ses graines la première année.

La montée en graines peut être causée par un mauvais choix des semences, par un semis hâtif, des froids tardifs, un enfouissement trop profond de la semence et en un mot toutes les causes capables d'entraver la croissance régulière de la plante.

Certaines variétés comme la « tête d'Anguille » qui est une des meilleures, ont plus que les autres tendance à monter et on peut se demander s'il n'y a pas là une nouvelle preuve que le caractère précaire d'une variété sélectionnée augmente avec son degré de perfection.

Les graines de l'année donnent une proportion de plantes montées plus grande que celles de 2 ou 3 ans.

Les années de fortes montées sont très rares, généralement ce sont les années de grande humidité. La sécheresse peut causer des dommages lors de la levée, en durcissant le sol et en empêchant les petites plantes de sortir, tout au moins en retardant leur levée. Mais d'ordinaire, les années sèches sont considérées comme les plus propres à la croissance et à la formation de la racine. Ici elle s'allonge en racine fusiforme et pivotante, promettant les cossettes les plus belles et les plus régulières alors que par les années humides, elle croît en radicelles donnant beaucoup de « fine » et de poussière au séchage. La chicorée montée possède une tige pouvant atteindre plus d'un mètre de hauteur ; la racine durcit à l'intérieur comme du bois et la plante devient nuisible à celles qui l'environnent. Aussi, à moins de surabondance, est-il toujours recommandé d'enlever les montées à mesure qu'elles surgissent. Elles constituent d'ailleurs une excellente nourriture pour le bétail.

La racine des plantes montées, donne des cossettes dures comme la pierre ; du torréfacteur, elle sort à demi brûlée, et au concasseur elle laisse dans la poudre et la semoule des points blancs que les fabricants doivent éviter à tout prix, parce qu'ils déprécient singulièrement leurs produits aux yeux du consommateur. Ceci est d'une grande importante ; aussi, voyons-nous les contrats entre le producteur et le sécheur réclamer l'enlèvement des chicorées montées avant l'arrachage.

Les maladies de la chicorée ont peu d'importance ; nous ne citerons que :

Le Protomyces Parachydermus, champignon provoquant des tâches noires sur la racine et ensuite sa décomposition. Conséquence du retour trop fréquent de la chicorée sur le même sol. Il faut alors en espacer la culture.

Et le Sclérotinia Livertiana qui attaque la racine en tas après la récolte et la revêt d'un feutrage blanchâtre qui amène la pourriture générale de la plante sous forme de moisissure. Il est très difficile de lutter contre cette maladie. Il faut écarter les racines atteintes et bien aérer les tas.

Dans le règne animal la chicorée a pour principaux ennemis :

Le taupin des moissons et le ver blanc, ou larve de hanneton.

En résumé on peut dire que la chicorée est une plante de culture facile, et si la levée se fait dans de bonnes conditions, la récolte est assurée.

Compte de culture

1° *DE CHICORÉE :*

Fermage et impôts .... Fr.	400
2 déchaumages	60
Labour d'hiver	120
Fumure : 25 T. à 35 fr. × 2/5 = ...	350
Engrais complémentaires :	
250 k. de sulfate ammoniaque à 140 fr.	350
300 k. de superphosphate à 26 fr.	78
300 kgs de sulfate de potassium à 85 fr.	255
Semis des engrais et épandage du fumier	60
Préparation du sol avant les semailles	175
Semence et semis	160
Soins culturaux	380
Arrachage	500
Transport	250
Frais généraux et intérêt du capital d'exploitation ..	240

DÉPENSES .... Fr. 3 268

2° *DE BETTERAVES :*

Fermages et impôts 400
2 déchaumages 60
Labour 140
Fumure 35 T. à 35 fr. × 2/5 490
    Engrais complémentaires :
200 kgs de sulfate d'ammoniaque 280
500 kgs de superphosphate 130
200 kgs de nitrate à 160 fr. 320
Semis des engrais et épandage du fumier 80
Préparation du sol avant les semailles 170
20 kgs de semence à 8 fr. et semis 185
Soins culturaux 380
Arrachage 500
Transport 270
Frais généraux et intérêt du capital d'exploitation .. 220

DÉPENSES .... Fr.   3 625

Si l'on prend les récoltes de l'année 1926 pour servir de comparaison entre la culture de la chicorée et celle de la betterave on trouve pour la première un poids de 32 tonnes de racines à l'hectare ce qui donne au prix de 170 francs la tonne une recette de 5.440 francs.

Le bénéfice par hectare de chicorée est :
$$5.540 - 3.268 = 2.172 \text{ fr.}$$

La betterave donna 25 t. valant 230 fr. la tonne et rapporta donc
$$230 \times 25 = 5.750 \text{ fr.}$$

Le bénéfice par hectare est par conséquent de :
$$5.750 - 3.625 = 2.125 \text{ fr.}$$

Il y a donc par hectare un excédent de bénéfice de 50 francs environ pour la chicorée.

Ceci est peu (et c'est pourquoi il faudrait s'assurer si la culture de la chicorée a des effets moins bons que ceux de la betterave sur le blé qui suit).

Cependant ici, la chicorée est sûrement plus rému-

nératrice que la betterave, car la première transforma-
tion, le séchage, est fait au bénéfice du propriétaire.
Nous pouvons dire aussi que le roulement du capital
est plus rapide pour la chicorée que pour la betterave
car la récolte est payée avant le 1ᵉʳ janvier ainsi que
l'indiquent la plupart des contrats, tandis que la sucrerie ne commence ses paiements qu'à partir de cette date
et ne solde complètement sa dette qu'au mois de juillet.
On peut objecter aux comptes ci-dessus que tandis que
la fumure de la chicorée est équilibrée et conforme aux
demandes de la plante, la fumure de la betterave est
rendue onéreuse par l'excédent de superphosphate, mais
on fera remarquer que cet excédent de superphosphate
devrait être remplacé par des engrais potassiques, qui
augmenteraient d'ailleurs peut être les rendements.

Le prix accordé actuellement à la tonne de betteraves
et que les cultivateurs cherchent encore, avec raison à
augmenter est très élevé et il est très compréhensible
que dans les bonnes terres du Cambrésis, on soit revenu à la culture de la betterave qui y donne des rendements de 30 tonnes en moyenne.

Aussi, comme nous le disions plus haut, ce n'est qu'à
la constitution du sol que la chicorée doit sa place dans
la région maritime et en ce qui concerne l'exploitation
décrite, on gardera les parties les plus limoneuses soit
4 à 5 hectares pour la culture de la betterave.

CHAPITRE DEUXIÈME

LA SÉCHERIE DE CHICORÉE

La sécherie adjointe à la ferme recevra les racines non seulement de l'exploitation, mais aussi celles des fermes voisines, on cherchera donc à placer cette petite usine non pas près de la ferme, ni sur les bords de la grand' route, ce qui faciliterait les transports, mais en plein centre producteur au milieu des terres sablonneuses. On utilisera pour cela une pièce de terre d'accès très commode placée au croisement de 4 routes communales à environ 800 mètres de la route de Calais à Bourbourg et à peu près à la même distance de l'habitation.

La superficie nécessaire à la construction de la sécherie et à l'établissement de la cour de réception, de la cour à coke et d'un bassin de décantation pour les eaux de lavage ne sera que de 30 ares.

La cour sera dès la première campagne empierrée avec de vieilles briques recouvertes de scories assez fines. Il faut en effet prendre garde de ne pas passer de cailloux dans les laveurs et surtout dans le coupe-racines. Par la suite les scories produites par les 4 fours seront suffisantes pour remplir les trous ou ornières. Sur toute la façade du bâtiment, on établira un pavage en briques posées de champ pour faciliter le maniement des chicorées à la fourche et avoir un peu plus de propreté.

L'eau est ici nécessaire pour le nettoyage des racines, mais elle sera facile à trouver, car le niveau de l'eau n'est pas placé à une grande profondeur. Cependant on préfère ne pas creuser de puits et simplement amener l'eau du watergand le plus proche, c'est-à-dire de 25 ou 30 mètres par une canalisation souterraine jusqu'à l'intérieur du bâtiment.

Les racines sont achetées aux cultivateurs. Toutes les variétés admises par le syndicat des fabricants de chicorée sont reçues. Le prix de ces racines est discuté soit au moment de la livraison, soit le plus souvent avant le semis, en février, mars et avril lors du passage des contrats entre le cultivateur et le sécheur.

On donne ci-dessous le modèle des contrats de la sécherie Naeyaert-Caron de Saint-Folquin.

NAEYAERT-CARON
SÉCHERIE DE CHICORÉE

SAINT-FOLQUIN (par Sainte-Marie-Kerque)

Saint-Folquin, le   192

Monsieur

J'ai l'avantage de vous confirmer l'achat que je vous ai fait par l'entremise de M
de   tonnes de chicorée aux conditions suivantes :

La livraison se fera un cinquième en Septembre, un cinquième du 1er au 15 Octobre et le solde selon les besoins de l'usine. Les échantillons destinés aux tares seront prélevés par l'employé de l'usine chaque fois qu'il le jugera convenable et le fournisseur aura toujours le droit d'assister à ces opérations. Les chicorées montées, creuses, noires, et gelées seront refusées de plein droit ainsi que la spécialité dite chicorée-betterave.

Le fabricant aura la faculté, en cas d'incendie ou autre

cas de force majeure, de résilier le présent contrat sans indemnité, mais seulement pour la partie non livrée.

Le prix est fixé à   fr.   les 1.000 kilos rendus cour usine.

Paiement : troisième semaine de Novembre pour les quantités livrées en Septembre et Octobre livraisons terminées, et troisième semaine de Janvier pour le solde.

OBSERVATION IMPORTANTE : en cas de non-livraison des deux cinquièmes dans les délais prescrits ci-dessus, la totalité du tonnage traité serait payée à   francs.

Le prix de la chicorée qui était de 165 à 170 francs en 1926 est monté à 180 francs cette année. Ces prix s'entendent pour la racine rendue à l'usine.

La réception des chicorées à la sécherie est fort simple. On se borne d'abord à évaluer le poids brut des racines au moyen d'une bascule et ensuite la proportion de terre et de radicelles pour cent restant sur la plante pour trouver la tare.

L'évaluation de cette tare se fait en pesant 10 kgs de chicorée avant et après le nettoyage complet. La différence de poids donne celui des racines nettes sur 10 et par suite sur 100 ou 1.000 kgs de racines brutes.

Pour éviter que les chicorées ne restent trop longtemps en tas où elles s'échauffent et fermentent, le sécheur est souvent obligé, quelque temps après le commencement de la récolte, de ralentir les arrivées et même de fermer complètement l'accès de sa bascule.

La fermeture est aussi très souvent obligatoire à cause du manque de place pour loger les racines. En effet le terrain est d'un prix très élevé dans les Flandres et les cours des usines sont aussi petites que possible. Ceci peut avoir l'inconvénient de voir partir les chicorées vers les sécheries plus lointaines qui réceptionnent encore, sauf lorsque le cultivateur est lié par son contrat.

Bâtiments

La sécherie est un vaste bâtiment en briques de 25 mètres de longueur, 8 mètres de largeur et d'une di-

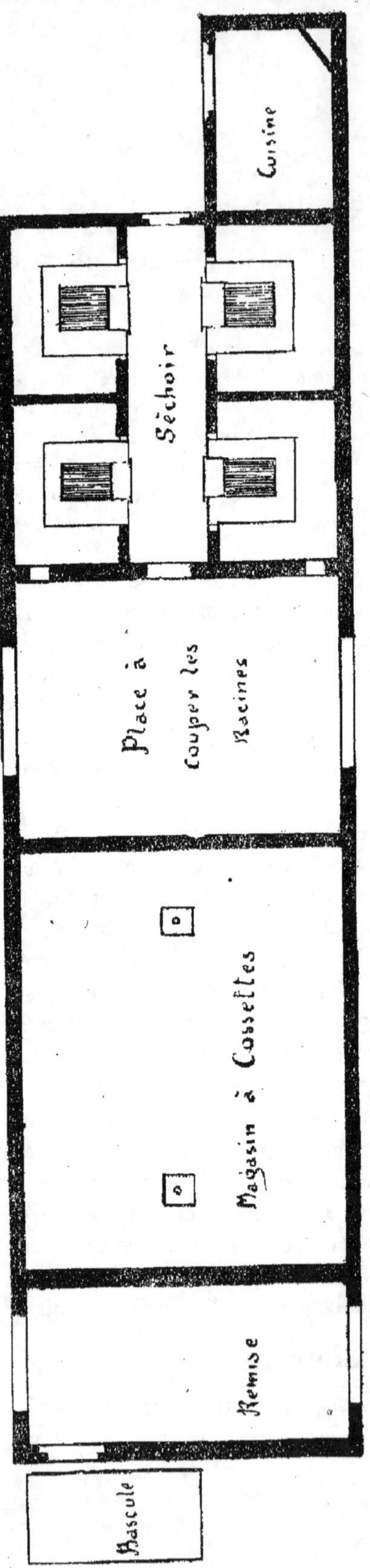

PLAN DE LA SÉCHERIE

zaine de hauteur, orienté du Nord au Sud. Ce bâtiment est divisé en trois parties :

La première, la plus importante, de 10 mètres de longueur sert de magasins de cossettes. Cette pièce doit être bien sèche et on recommande des murs épais cimentés jusqu'à 1 m. 50 au-dessus du sol et des plafonds plâtrés. La lumière ne doit pénétrer que par quelques petites lucarnes placées sur le toit.

Le sol sera bien recouvert de grosses pierres bleues de Tournai, jointes au ciment. Tout ceci pour éviter les cossettes molles et moisies, ce qui peut arriver également lorsque les produits ont été insuffisamment séchés.

Le magasin à cossettes ne comprend pas d'étage. Il s'ouvre vers l'extérieur, par une porte au rez-de-chaussée sur la remise, et vers l'intérieur par une porte de déversement des cossettes à la hauteur du dernier plateau de séchage.

La pièce centrale de l'usine comprend les appareils de lavage, de découpage, l'élévateur et, dans un retrait, le moteur. Cette salle s'ouvre sur les faces Ouest et Est par deux grandes portes à doubles battants posées sur roulettes.

Enfin la dernière partie comprend les foyers. C'est le séchoir proprement dit. On y trouve 4 feux posés deux par deux, les uns en face des autres et séparés par un couloir en forme de galerie de 1 m. 80 de large. Cette galerie débouche d'un côté dans l'atelier de lavage, de l'autre vers le sud. Chaque four est en outre séparé de son voisin par un mur de faible épaisseur. On a donc ainsi 4 compartiments au milieu desquels se trouvent les foyers eux-mêmes qui ont une forme supérieure conique afin de faciliter le glissement des touraillons, c'est-à-dire le mélange des débris de cossettes, de la poussière et des radicelles qui passent à travers les mailles du dernier plateau.

Les touraillons tombant ainsi dans les chambres placées autour des fours et communiquant avec l'extérieur

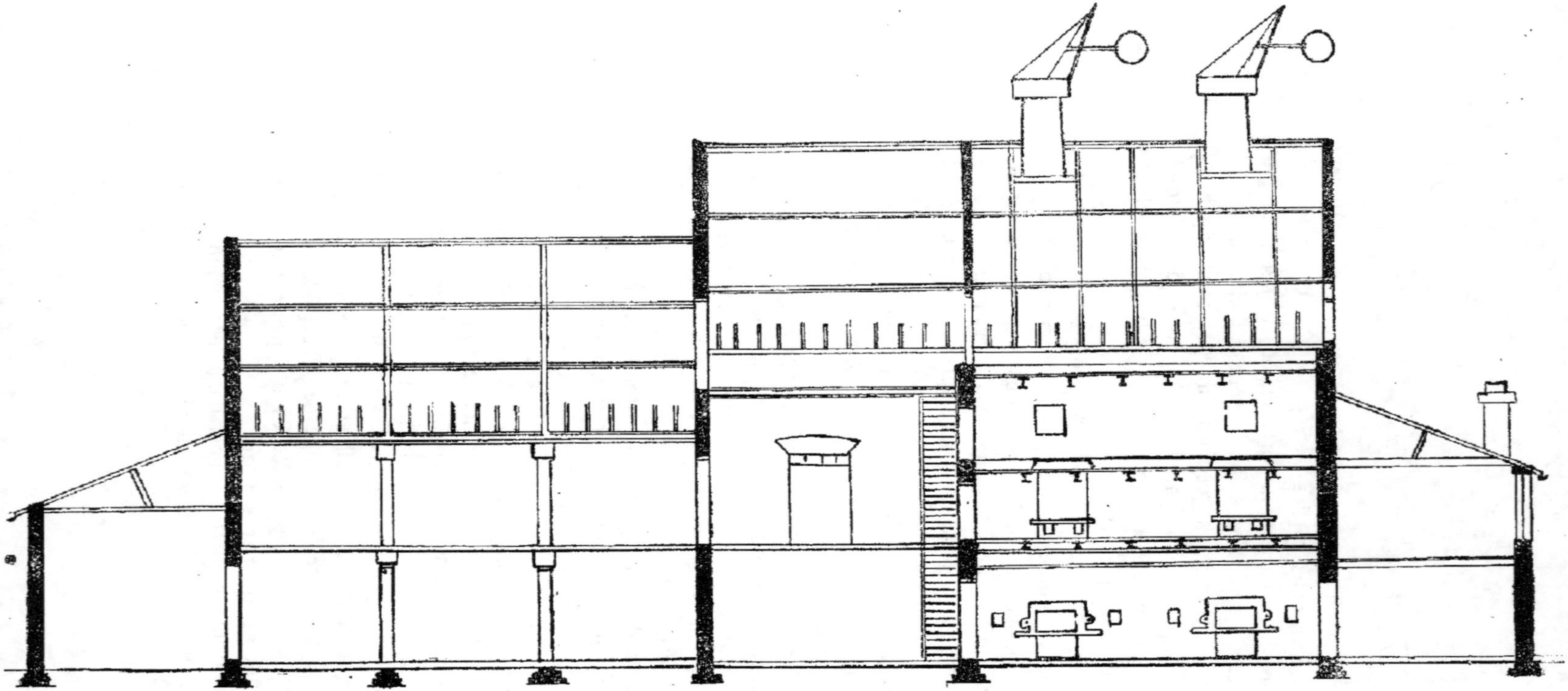

COUPE DE LA SÉCHERIE

par de petites trappes peuvent ensuite être recueillis et vendus.

Au-dessus de la pièce à couper s'élèvent 2 étages. Au premier, on trouve la cage de l'élévateur qui passe au deuxième étage, les portes du magasin à cossettes et du dernier plateau de séchage, le bac refroidisseur du moteur et une bascule.

A mi-chemin entre le premier étage et le second s'ouvre la porte du 2ᵉ plateau de séchage et au second étage on trouve celle du premier plateau. C'est ici qu'arrivent par l'élévateur les cossettes fraîchement coupées en attendant de passer dans la touraille.

Au-dessus des fours se trouvent les trois plateaux de séchage séparés de 2 mètres l'un de l'autre. Ces plateaux sont formés par une texture de barres de fer rond supportées par des poutres et sur lesquelles on a posé une tôle épaisse de deux millimètres perforée de nombreux trous de 5 millimètres de diamètre pour le premier étage, de 18 millimètres pour le second et de 25 millimètres pour le troisième.

Le premier étage est traversé par les conduites de chaleur des quatre fours dans lesquelles on peut ouvrir ou fermer à volonté des trappes pour obtenir plus ou moins d'air chaud sur ce premier plateau. Ces conduites de chaleur aboutissent à 50 centimètres au-dessus du deuxième plateau. On peut selon les moments en ouvrir ou fermer la partie supérieure en tôle.

Le premier et le deuxième étages ne comprennent que 4 petites lucarnes, que l'on n'ouvre qu'au moment des manipulations.

Le troisième étage comprend des bouches d'air supérieures ou « tourelles » toujours ouvertes de sens contraire au vent et aussi quelques lucarnes et deux fenêtres tournées vers le Sud. Toutes ces ouvertures sont destinées à laisser échapper l'eau évaporée en grande quantité au début du séchage.

Contre chacun des pignons du bâtiment de la sécherie sont appuyés des parties secondaires. Au Nord, c'est la remise pour le camion avec 2 entrées opposées et au Sud c'est la cuisine et le dortoir des ouvriers.

Il faut encore citer la bascule et le petit bureau du basculeur.

Pour faire construire la sécherie, il faut s'adresser à des entrepreneurs spécialisés autant que possible. L'établissement décrit ici, édifié d'après les plans de M. Jonckheerre, constructeur de Reveren-les-Roulers (Belgique) revenait en 1926 au prix de 150.000 francs environ avec le moteur mais sans compter le matériel de préparation de la cossette.

Technique de la fabrication

La fabrication de la cossette est très simple, mais elle exige de la part des ouvriers et surtout du maître sécheur une grande habileté et aussi une grande habitude.

Lavage

La première opération que subissent les chicorées à la sécherie est le lavage. Autrefois exécuté sommairement par les cultivateurs, il est maintenant fait à la sécherie, dans des appareils identiques à ceux de la sucrerie.

Les racines amenées dans une petite excavation à l'extérieur de la sécherie par les ouvriers, au moyen de fourches ou par des brouettes, sont montées par une vis d'Archimède jusqu'au lavoir où tournent des bras en fer et où arrive sans arrêt de l'eau sous pression lancée par une pompe rotative.

Le bac laveur se compose d'un demi-cylindre ajouré posé dans un bac en tôle. Une vanne permet la vidange de l'eau souillée, d'une manière presque continue.

Ces eaux sont ensuite envoyées dans un bac de dépôt placé dans le champ derrière la sécherie, puis de là dans les fossés particuliers environnants d'où elles reviendront après un court circuit dans le watergand pour servir de nouveau au lavage.

En été il faudra enlever la terre qui se sera déposée dans le bac, et aussi dans le fossé qui fait suite. Cette terre sera étendue dans les pièces les plus basses ou à l'endroit d'anciens fossés où il se forme des creux.

Les racines, après avoir parcouru le lavoir, sont prises par des palettes en bois qui les passent sur un égoutteur formé de deux bras tournant dans une tôle perforée et qui a pour mission de laisser couler l'excédent d'eau laissé sur la racine avant le passage au coupe-racines. Les bras de l'égoutteur ont en outre l'avantage de débarrasser les chicorées, des quelques feuilles mortes restées au collet si le décolletage a été mal fait. Il y a de cette façon moins d'usure des couteaux du coupe-racines.

La valeur en 1926 d'une vis d'Archimède de 3 mètres de longueur et d'un lavoir, est de 5.000 francs y compris engrenages et poulies nécessaires à la marche.

Le lavage a une importance assez grande, car de cette opération dépend beaucoup la propreté de la cossette et nous verrons que ce point fait partie des conditions imposées par les fabricants de chicorée au sécheur.

Découpage

Après le lavoir, les racines tombent dans le coupe-racines afin d'être découpées en cossettes ou fragments ayant une forme parallélipipédique d'une épaisseur de 3 centimètres, la largeur dépendant de la forme de la portion de racine coupée allant jusqu'à 3 et 4 centimètres et une longueur de 5 à 6 centimètres.

Le coupe-racines employé est du type belge dit à berce, à cause du mouvement de va et vient des lignes de couteaux. Ce système est très employé à cause de sa simplicité, de son prix d'achat relativement peu élevé et de la facilité des réparations. Cependant, par suite de sa construction il peut se déranger aisément lors du passage des cailloux ou autres corps durs. On lui reproche également de ne couper que difficilement les chicorés gelées ; mais comme on ne travaille que les racines en bon état, l'inconvénient est d'ordre secondaire.

L'appareil comprend une table longue de 4 mètres et large de 2 mètres, percée à l'une de ses extrémités d'une excavation rectangulaire de 75 centimètres de longueur et 30 de largeur. Au fond de cette excavation profonde de 30 centimètres se meut par un mouvement de va et vient un double jeu de couteaux dont l'axe est rattaché à une bielle donnant le mouvement.

Cette bielle n'est pas continue, elle est divisée en deux parties accolées par un biseau et un léger arrêt; six ressorts maintiennent la pression entre les deux parties de la bielle dans le travail ordinaire, mais si une pierre ou un morceau de bois se présentait devant les couteaux les deux tronçons glisseraient l'un sur l'autre en neutralisant l'action des ressorts jusqu'à ce que la pierre ou le bois soient enlevés du coupe-racines. Ensuite la machine se remet en place toute seule.

Après leur découpage, les fragments de racines glissent sur une tôle dans une excavation où une chaîne à godets longue de 14 mètres, vient les prendre pour les monter à la partie supérieure de la sécherie, à la hauteur du troisième plateau, en attendant le moment du séchage.

On préfère l'élévateur à chaîne plutôt que l'élévateur en cuir dont le travail est plus silencieux, à cause de l'humidité et de la courte durée de la saison de travail (3 à 4 mois). De plus, ces élévateurs en cuir sont d'un prix très élevé. Les chaînes à godets sont plus résistantes, mais il faut pour les tendre de temps en temps un système spécial à vis, car elles s'allongent très vite, surtout lorsqu'elles sont neuves.

La valeur d'une chaîne est de 4.000 francs environ pour 14 mètres. Pour éviter les accidents, il faut encore envelopper cette chaîne. Le prix d'un entourage en bois est de 1.000 francs (1926).

Force motrice

Pour actionner tous ces appareils, l'usine dispose d'un moteur à essence ou benzol de la force de 12 chevaux provenant de la maison Catteau à Roubaix. Ce moteur muni d'un brevet spécial, consomme très peu de combustible, environ 3 litres par heure. La force déployée est grandement suffisante pour la marche simultanée de tous les appareils.

Le matériel de lavage et de coupe travaille à 2 reprises pendant la journée, ou plutôt toutes les 23 heures, car on décale d'une heure chaque jour ces travaux pour des raisons de main-d'œuvre. Chaque séance de travail dure environ 2 heures, pendant lesquelles il faut découper 8 tonnes de racines.

L'ensemble du matériel de la sécherie coûtait, en 1926, 16.000 francs, montage et poulies compris.

Le séchage

Le séchage a pour but d'évaporer l'eau des racines dans des tourailles analogues à celles employées en brasserie. Le séchoir à trois plateaux est à préférer parce qu'il procure une dessiccation lente, régulière et complète qui donne une cossette bien blanche, mieux cotée sur les marchés.

La touraille comprend au rez-de-chaussée un certain nombre de fours variable avec l'importance de l'usine. Ces fours, qui ont une surface de chauffe à peu près égale à 2 mètres carrés, sont alimentés en coke pour éviter la fumée. On compte qu'il faut 175 kilogs de coke payé 160 francs les 1.000 kilogs pour le traitement d'une tonne de chicorée soit 28 francs. Un feu peut sécher environ 4 tonnes de racines par 24 heures.

Pour le séchage, on étale sur le premier plateau les

cossettes fraîches en couches épaisses de 25 à 30 centimètres. On les dessèche environ pendant 12 heures en faisant 2 ou 3 retournements à la fourche, puis on les fait passer à l'étage inférieur par 8 trous de 30 centimètres carrés, fermés ordinairement par des grilles.

Au second étage, on laisse également les cossettes pendant 12 heures et on les retourne 2 fois.

Enfin au premier plateau, les fragments de racines restent jusqu'au moment où le chef de fabrication, le « maître sécheur », le juge convenable.

La marchandise est alors ensachée et pesée immédiatement. Les poids sont relevés par le maître sécheur et par le propriétaire de la sécherie.

C'est en effet d'après le poids des cossettes relevé à cet endroit que seront payés les ouvriers. Il faut donc exercer une certaine surveillance.

Emmagasinage

Les cossettes mises en sac à la sortie du dernier plateau sont pesées et laissées ainsi quelque temps, dès qu'elles sont refroidies on les déverse en vrac dans un magasin. Elles sont alors très dures et bien blanches, ressemblant à la corne.

Nous avons dit plus haut quelles précautions il fallait prendre contre l'humidité ; cependant la dessiccation de la cossette poussée à l'extrême dans la touraille diminue un peu au contact de l'air. Il faut que la reprise d'humidité n'excède pas 10 %, d'après les contrats, ce serait une cause de refus de la cossette par le fabricant. Cette marchandise risque, en effet, de s'échauffer en tas et de perdre sa qualité et par suite sa valeur.

On conseille également, pour conserver les cossettes, de les couvrir d'une toile à texture grossière, afin que l'air puisse y passer facilement.

La conservation des cossettes a encore un ennemi : c'est la mite dont les larves s'enfoncent dans la cossette molle, lui faisant perdre toute valeur marchande. Pour se débarrasser de cet insecte, il faut badigeonner le magasin à la chaux jusqu'à sa disparition complète. Il est aussi prudent de ne jamais laisser cette place ouverte lorsqu'elle contient de la marchandise.

Rendement

La campagne commence généralement vers le premier octobre et même avant, si le temps le permet. Les sécheurs aident d'ailleurs à activer l'arrachage par l'attribution de primes aux premiers arrivages.

L'usine marche alors à plein rendement jusqu'à la mi janvier ne s'arrêtant que si les gelées trop fortes empêchaient le lavage des racines.

« On remarque alors que les premières chicorées donnent un rendement plus élevé et que les cossettes sont presque toujours d'une qualité supérieure. Les racines arrachées trop tardivement produisent des cossettes brunes et d'aspect moins agréable, de plus, elles sont exposées à être gelées » (1).

Le rendement moyen de la chicorée au séchage est de 25 % environ. Dans les années sèches, comme 1926, on peut atteindre au mois d'octobre 30 % ; mais plus tard, vers la fin de la saison, 22 à 23 % seulement, et même on l'a vu descendre à 18 %. Le traitement moyen de la sécherie étant de 16 tonnes, on obtiendra environ 4 tonnes de cossettes par jour.

Vente des cossettes

C'est pendant la période de séchage que les marchés de cossettes de chicorée sont les plus fréquentés et présentent le plus d'animation. Non pas tant, pour la conclusion des contrats que pour leur exécution et la réglementation des livraisons. Les principaux marchés tenus en France pour les cossettes de chicorée sont ceux de

____

(1) Guillot : La chicorée et les succédanés du café.

Lille, Bourbourg et Dunkerque, qui, depuis la guerre surtout sont assidûment fréquentés par des négociants et courtiers belges, qui ont chez eux les marchés de Courtrai, Roulers et Gand.

D'ordinaire, la plupart des contrats avec le fabricant sont passés aux mois de janvier à avril pour livraison ultérieure octobre à mars. C'est à ce même moment que les sécheurs font leurs gros achats de racines chez les cultivateurs. Ils se couvrent ainsi fort sagement pour les ventes faites.

Les fabricants français achètent généralement par l'intermédiaire d'agents ou représentants dont la responsabilité en cas d'inexécution du contrat de fourniture avec le sécheur ou en cas d'insolvabilité du client ou du fabricant était autrefois très lourde, faute d'existence d'un contrat type. Cette responsabilité est maintenant très atténuée par suite des décisions prises en 1923 par les délégués des syndicats de fabricants et des sécheurs.

Voici un type de contrat établi pour la récolte 1926:

Marché de cossettes — Récolte 1926

Le 19 Septembre 1925.

Il a été vendu à Monsieur Camille Bériot, fabricant de chicorée, 6, Boulevard National à Ivry-Port (Seine), par l'entremise de Monsieur J. Bourré, par :

Monsieur Naeyaert-Caron, sécheur à Saint-Folquin (par Sainte-Marie-Kerque, Pas-de-Calais),

100 tonnes de cossettes de chicorée récolte 1926, au prix de fr. 100 (cent francs) les cent kgs net.

Marchandise sur wagon départ : frais de transport à la charge de l'acheteur.

Délai de livraison : sur octobre, novembre, décembre 1926.

Expéditions : à l'adresse de Monsieur Camille Bériot en gare Ivry-sur-Seine (embranchement particulier).

L'acheteur se réserve le droit de modifier la gare de destination s'il y a lieu.

Sacherie : en sacs réglés à 50 kgs net (cinquante).

Paiement : aussitôt réception de la marchandise à l'arrivée.

Règlement : par les soins de l'agent de Monsieur Bériot.

Qualité : les cossettes doivent être de qualité saine, loyale et marchande, c'est-à-dire bien sèches, cassantes, lavées et sans touraillous. En aucun cas, elles ne devront être fabriquées avec des racines de chicorées montées, creuses ou gelées.

Fait en double à Ivry-Port, le 19 Septembre 1925.

L'Acheteur,   *Le Vendeur,*

Le prix de vente des cossettes est très variable. Il est fixé par la bourse de commerce des différentes villes marchés. Le syndicat des sécheurs tient ses adhérents au courant des cours de la semaine par des circulaires.

En juillet 1926, on côtait la cossette à 150 fr. le quintal rendu Lille, en décembre le prix était descendu à 90 fr. pour le disponible et 115 pour la récolte 1927, et en mars 1927 il était remonté à 105 fr. pour le disponible et 123 pour la récolte 1927. Il y a donc tendance à la hausse.

Comme on le voit, le marché des cossettes est très variable et « ceci tient à ce que la culture de la chicorée ne se fait que dans un territoire relativement peu étendu, pouvant néanmoins, dans les années ordinaires, suffire à une demande normale. Si une circonstance quelconque influe sur le rendement, ou si la vogue d'une autre culture amène les agriculteurs à diminuer leurs ensemencements, aussitôt l'équilibre est rompu, les sécheurs s'obstinent à ne pas vendre leur marchandise et immédiatement le marché hausse dans des proportions parfois invraisemblables.

Alors, la culture, éblouie par ces gros prix, augmente ses emblavures; les régions qui, auparavant, ne semaient pas la chicorée, délaissent les autres plantes industrielles et installent des séchoirs. Malheureusement la consommation ne varie guère, et l'année suivante non seulement on est obligé de cultiver sans bénéfice, mais même à perte, car si les sécheurs sont tenaces à conserver leur marchandise quand le marché hausse, ils n'en sont que plus pressés de s'en défaire quand le marché baisse.

Quant au déchet de la cossette désigné sous le nom de touraillons, il comprend les fragments de cossettes qui, pendant la dessiccation, passent à travers les tôles perforées avec la terre encore adhérente et les radicelles; on les retrouve dans les chambres autour des' fours. Le sécheur recueille ces touraillons pour les vendre 1/3 environ de la valeur des cossettes si non tamisés et à la moitié de cette même valeur si tamisés. Ainsi en décembre, au moment où la cossette valait 90 fr. le quintal, on côtait les touraillons 30 fr. les 100 kgs.

La quantité de touraillons produite est équivalente à 2 % du poids des cossettes.

On vendait autrefois les touraillons à l'Italie et à certains fabricants belges, mais aujourd'hui cet article est employé partout, même en France où l'on recherche pourtant la chicorée de première qualité.

La proportion de cendres est beaucoup plus considérable dans les touraillons que dans la chicorée à cause des matières terreuses qu'ils contiennent, et c'est ce qui leur donne une moindre valeur. Le sécheur accorde généralement au courtier une commission variant de 0 fr. 50 à 1 fr. par 100 fr. de marchandise vendue.

Personnel

Le travail de la sécherie est très pénible, car il demande une surveillance de jour et de nuit et il faut l'effectuer tantôt sous une chaleur de 60° comme les retournements dans une atmosphère humide chargée des gaz dégagés par le coke, tantôt à l'extérieur à l'air froid, sous la pluie, comme l'approvisionnement du laveur.

Pour ces travaux rudes, on fait appel à des équipes de Belges recrutés dans les environs de Roulers, sous la conduite d'un maître sécheur. Sachant à peine le Français, ces hommes doués d'une santé robuste, se privant presque de tout, ne retournent chez eux pendant la campagne qu'à l'occasion de la Toussaint.

Au nombre de quatre dans une sécherie de 4 feux, ces Belges reçoivent le salaire fixé à l'avance par le maître sécheur.

En 1926, le personnel était payé 60 fr. la tonne de cossettes séchées. Comme le traitement moyen est de 16 tonnes de racines fraîches par jour, cela donne 4 tonnes de cossettes ou 240 fr. à partager à quatre. Le maître sécheur étant payé comme il convient, un prix supérieur, il faut compter sur un salaire journalier de 50 à 53 fr.

Il faut, en outre, compter le basculeur, la main-d'œuvre nécessaire à la mise en sac des cossettes pour le transport et au nettoyage de la sécherie.

Telle est la marche d'une sécherie de chicorée à 4 feux. Dans le compte suivant, nous allons essayer de déterminer approximativement quel peut être le bénéfice rapporté par le séchage d'une tonne de chicorée.

I. DÉPENSES :

Amortissement du bâtiment 150.000 fr. :
   15 ans × 100 jours 100
Amortissement du matériel :
   20.000 fr. : 7 ans × 100 jours 28.57
Location du terrain 2.50
Essence : 12 litres × 2 fr. 24
Huile : 2 litres à 8 fr. 16

A Reporter 171.07

Report 171,07

Coke : 180 kgs × 200 fr. la tonne × 16 tonnes 576
Directeur 40
Main-d'œuvre : 4 tonnes × 60 fr. 240
Basculeur et son aide 45
Mise en sac et chargement, 8 fr. par t. × 4 t. 32
Transport à la gare (6 km) par camion :
  Amortiss^t 20.000 : 5 ans × 100 jours = 40
  Essence, 25 litres à 2 fr. .... = 50
  Huile, 1 litre 5 à 8 fr. .... = 12
  Conducteur et aide .... = 45
  Divers .... = 10

      147 × 4/10 58,80
Commission au courtier, 1 % × 3.600 36
Assurances et impôts 8,80
Divers 100

      1.307,17

Intérêt du bâtiment et matériel, 190.000 × 6 % : 100 j. 78,43
Intérêt des dépenses, 1.307,17 à 6 % 114
Achat des racines, 16 tonnes à 170 fr. 1720

      3.219,60

II. RECETTES :

Cossettes, 4 tonnes × 90 fr. le quintal .... fr. 3.600
Touraillons, 80 kgs à 30 fr. 24

      3.624

A déduire : impôt sur le chiffre d'affaires (2 %) .. 72,48

      3.551,50

Balance : 3.551,50 — 3.219,60 = 331,90 de bénéfice par jour
    donc 331,90 : 4 = 82,97 par tonne de cossettes
    et 336,90 : 16 = 20 fr. 75 par tonne de racines.

Dans ce compte un peu théorique sans doute, on a fixé une période d'amortissement un peu courte, mais il ne faut pas oublier que le matériel travaille entièrement à l'humidité, et malgré les soins donnés et en particulier l'application de pétrole huilé sur les plateaux à la fin de la campagne, il y a une usure assez rapide.

Le bénéfice rapporté par le séchage est très intéressant, et l'on comprend que les sécheurs tiennent à conserver la culture de la chicorée dans le pays. On a cependant pris le cours de la cossette assez bas et nous n'avons pas compté la reprise d'humidité de la cossette dans le magasin qui est d'environ 5 %.

Par contre, il faut signaler que sur ce bénéfice il y a un impôt de 16 %, soit 320 fr. × 0, 16 = 51 fr. 20 par jour pour les bénéfices industriels et commerciaux, c'est donc à 268 fr. 80 que l'on peut compter le bénéfice net par jour.

Comptabilité

La comptabilité est nécessaire dans toute ferme bien dirigée, mais surtout lorsque comme ici, une industrie se joint à l'exploitation ; cependant il est inutile de compliquer les travaux déjà assez absorbants pour le cultivateur. Il suffit que le propriétaire puisse connaître à tout moment et surtout en fin d'année sa situation d'une manière claire et précise. D'ailleurs plus une comptabilité est simple et nette, meilleure elle est. La comptabilité a l'avantage de faire connaître les opérations les plus profitables et de permettre de rejeter les spéculations onéreuses.

Elle aide à la régularité dans les paiements et les recouvrements.

Pour la comptabilité, nous emploierons donc le carnet de poche, le journal et le livre d'inventaire.

Sur l'agenda ou carnet de poche, on mentionnera toutes les opérations nécessitées par l'exploitation, ainsi que les remarques qu'elles susciteront.

Le journal recevra les opérations donnant lieu à un roulement d'argent important.

Enfin un simple cahier, le livre des inventaires destiné

à relever les inventaires successifs de l'exploitation, afin
de présenter à la fin de chaque année la situation finan-
cière exacte. On fait généralement ces règlements en
décembre.

Pour la sécherie, nous posséderons, en plus des livres
précédents, un carnet de relevé des contrats, un copie
de lettres, et des carnets à souche pour noter la livraison des chicorées. Voici un exemple de ces reçus :

N° _______

Sécherie de chicorée Naeyaert-Caron

Saint-Folquin, le 26 Novembre 1926.

REÇU de M.

	Poids brut	Vide	Poids net
1ʳᵉ VOITURE			
2ᵉ »			
3ᵉ »			
4ᵉ »			
5ᵉ »			
6ᵉ »			
TOTAUX :			
TARE % :		Tare	
		Net	

La comptabilité est donc très simple et suffisante pour
la bonne marche de l'exploitation.

CONCLUSION

Dans cette courte étude, nous nous sommes efforcé de présenter assez exactemnt le type d'une exploitation au pays si original des Wateringues.

Dans la ferme, la culture et l'élevage occupent une place que nous avons essayé de délimiter nettement ; mais sur ce sol pourtant humide et sous un climat essentiellement marin, il est intéressant de constater que la culture n'est pas en régression devant les pâturages, comme on l'observe si fréquemment sur des points assez peu éloignés.

Si nous cherchons les causes de cette permanence de la culture, nous noterons, en premier lieu, l'excellence du sol qui permet les riches cultures industrielles et, en second lieu, la présence de nombreux capitaux facilement investis dans de multiples organismes transformant sur place les produits du sol. Au surplus, ce mode de travail sur place, qui n'exporte que des produits transformés, économise les frais de transport vers la grosse usine, et le paysan-industriel voit ainsi croître ses bénéfices d'une façon sensible.

Par contre, on reprochera peut-être à ce système de culture basé sur le morcellement de la propriété, de favoriser une douce routine, car l'établissement d'exploitations importantes devient une quasi impossibilité et ainsi s'exclut à priori l'usage du matériel agricole à grand rendement.

Heureusement, certaines industries qui ne réclament pas un machinisme trop onéreux s'installent en ces régions et permettent de faire fructifier les capitaux accumulés. C'est précisément ce passage insensible de la culture pure à la culture industrielle que j'ai voulu souligner dans ce travail.

D'ailleurs, au cours de mes études à l'Institut agricole

durant les excursions hebdomadaires, que j'ai suivies attentivement, j'avais noté fréquemment auprès d'une expoitation agricole, quelque organisme industriel permettant de livrer à la consommation des produits finis aux lieu et place de produits bruts.

Cette adaptation s'était opérée surtout en des régions très fertiles, mais handicapées par l'éloignement des communications ferroviaires ou la difficulté d'écoulement vers des centres importants de population. Et j'ai retrouvé dans ma petite patrie un phénomène analogue que je me permets de présenter dans un cadre très réduit à la bienveillante attention de Messieurs les examinateurs.

Malheureusement, l'expérience et aussi le temps me font défaut pour présenter, au lieu d'une étude fractionnaire, un travail à large base, où je voudrais montrer l'influence considérable que cette alliance de la culture et de l'industrie exerce en nos régions.

A mon grand regret, mais avec l'intention de pousser cette étude dans un avenir prochain, j'ai dû, pour le moment, me contenter de documents pris chez les vieux praticiens et je n'ai été dans cette simple esquisse que l'ouvrier, peut-être inhabile, qui a tenté de recueillir et d'adapter les matériaux fournis.

Qu'il me soit permis de remercier ici chaudement les agriculteurs qui m'ont éclairé de leurs conseils, et en particulier mon oncle bien-aimé, M. Naeyaert, sécheur à Saint-Folquin, dont j'ai décrit l'intallation récente.

Ma reconnaissance ira également à tous mes maîtres de l'Institut agricole pour leur sollicitude et leur bonté à mon égard. Grâce à eux, j'ai pu, au cours de mes trois années d'études, m'essayer dans la théorie et quelque peu dans la pratique de la science agricole.

En terminant, je présente à mes chers parents, dont les conseils et les constants encouragements m'ont permis de mener à bien des études librement choisies, le témoignage ému de mon affectueuse et filiale reconnaissance.

Table des Matières

TROISIÈME PARTIE

DU BÉTAIL.

QUATRIÈME PARTIE